AS PRIMAVERAS

AS PRIMAVERAS

Casimiro de Abreu

Introdução
DOMINGOS CARVALHO DA SILVA

Ilustrações
MARIA LEONTINA FRANCO

Organização e prefácio
VAGNER CAMILO

Martins Fontes
São Paulo 2002

*Copyright © 2002, Livraria Martins Fontes Editora Ltda.,
São Paulo, para a presente edição.*

1ª edição
dezembro de 2002

Revisão gráfica
Marise Simões Leal
Sandra Garcia Cortes
Produção gráfica
Geraldo Alves
Paginação/Fotolitos
Studio 3 Desenvolvimento Editorial

Dados Internacionais de Catalogação na Publicação (CIP)
(Câmara Brasileira do Livro, SP, Brasil)

Abreu, Casimiro de, 1839-1860.
    As primaveras / Casimiro de Abreu ; introdução Domingos Carvalho da Silva ; ilustrações Maria Leontina Franco ; organização e prefácio Vagner Camilo. – São Paulo : Martins Fontes, 2002. – (Coleção poetas do Brasil)

    Bibliografia.
    ISBN 85-336-1713-5

    1. Abreu, Casimiro de, 1839-1860 – Crítica e interpretação 2. Poesia brasileira I. Silva, Domingos Carvalho da. II. Franco, Maria Leontina. III. Camilo, Vagner. IV. Título. V. Série.

02-5576   CDD-869.91

Índices para catálogo sistemático:
1. Poesia : Literatura brasileira   869.91

Todos os direitos desta edição reservados à
Livraria Martins Fontes Editora Ltda.
Rua Conselheiro Ramalho, 330/340 01325-000 São Paulo SP Brasil
Tel. (11) 3241.3677 Fax (11) 3105.6867
e-mail: info@martinsfontes.com.br http://www.martinsfontes.com.br

Coleção "POETAS DO BRASIL"

Vol. XIII – As Primaveras

Esta coleção tem como finalidade repor ao alcance do leitor as obras dos autores mais representativos da história da poesia brasileira. Tendo como base as edições mais reconhecidas, este trabalho conta com a colaboração de especialistas e pesquisadores no campo da literatura brasileira, a cujo encargo ficam os estudos introdutórios e o acompanhamento das edições, bem como as sugestões de caráter documental e iconográfico.

Vagner Camilo é professor de Literatura Brasileira da USP e autor de *Risos entre pares: poesia e humor românticos* (Edusp/Fapesp, 1997) e de *Drummond: da Rosa do povo à Rosa das trevas* (Ateliê Editorial/Anpoll, 2001).

Coordenador da coleção: Haquira Osakabe, doutor em Letras pela Unicamp, é professor de Literatura Portuguesa no Departamento de Teoria Literária daquela mesma Universidade.

VOLUMES JÁ PUBLICADOS:

Cruz e Sousa – *Missal/Broquéis.*
Edição preparada por Ivan Teixeira.

Augusto dos Anjos – *Eu e Outras Poesias.*
Edição preparada por A. Arnoni Prado.

Álvares de Azevedo – *Lira dos Vinte Anos.*
Edição preparada por Maria Lúcia dal Farra.

Olavo Bilac – *Poesias.*
Edição preparada por Ivan Teixeira.

José de Anchieta – *Poemas.*
Edição preparada por Eduardo de A. Navarro.

Luiz Gama – *Primeiras Trovas Burlescas.*
Edição preparada por Ligia F. Ferreira.

Gonçalves Dias – *Poesia Indianista.*
Edição preparada por Márcia Lígia Guidin.

Castro Alves – *Espumas Flutuantes & Os Escravos.*
Edição preparada por Luiz Dantas e Pablo Simpson.

Santa Rita Durão – *Caramuru.*
Edição preparada por Ronald Polito.

Gonçalves Dias – *Cantos.*
Edição preparada por Cilaine Alves Cunha.

Diversos – *Poesias da Pacotilha.*

Raul de Leoni – *Luz Mediterrânea e Outros Poemas.*
Edição preparada por Sérgio Alcides.

Casimiro de Abreu – *As Primaveras.*
Edição preparada por Vagner Camilo.

ÍNDICE

Prefácio XI
Cronologia XXXI
Bibliografia XXXIII
Introdução XXXV
Nota à presente edição LV

AS PRIMAVERAS

LIVRO PRIMEIRO

I – A canção do exílio 15
II – Minha terra 19
III – Saudades 24
IV – Canção do exílio 26
V – Minha mãe 30
VI – Rosa murcha 32
VII – Juriti 35
VIII – Meus oito anos 38
IX – No álbum de J. C. M. 41
X – No lar 42
XI – Brasilianas – Moreninha 48
XII – Na rede 54
XIII – A voz do rio – Num álbum 56

XIV – Sete de Setembro – A D. Pedro II	59
XV – Cânticos – Poesia e amor	61
XVI – Orações – A***	66
XVII – Bálsamo	68
XVIII – Deus	70

LIVRO SEGUNDO

XIX – Primaveras	73
XX – Cena íntima.............................	76
XXI – Juramento	80
XXII – Perfumes e amor – Na primeira folha dum álbum	83
XXIII – Segredos..................................	85
XXIV – Clara...	88
XXV – A valsa – A M.***	90
XXVI – Borboleta	96
XXVII – Quando tu choras	99
XXVIII – Canto de amor – A M.***.........	102
XXIX – Violeta......................................	106
XXX – O quê?.....................................	108
XXXI – Sonhos de virgem – A M.***	110
XXXII – Assim! – A M.***......................	113
XXXIII – Quando?!...	115
XXXIV – Sempre sonhos!…	118
XXXV – O que é – Simpatia – A uma menina	121
XXXVI – Palavras no mar.......................	123
XXXVII – Pepita	126
XXXVIII – Visão	129
XXXIX – Queixumes...............................	131
XL – Amor e medo............................	134

XLI – Perdão!	137
XLII – Mocidade	141
XLIII – Noivado	145
XLIV – De joelhos	147

LIVRO TERCEIRO

XLV – Três cantos	151
XLVI – Ilusão	153
XLVII – Sonhando	156
XLVIII – Lembrança – Num álbum	158
XLIX – O baile!	159
L – Minh'alma é triste	162
LI – Palavras a alguém	167
LII – Folha negra	169
LIII – À morte de Afonso de A. Coutinho Messeder – Estudante da Escola Central	171
LIV – Berço e túmulo – No álbum duma menina	175
LV – Infância – ***	176
LVI – A uma platéia – **	178
LVII – No túmulo dum menino	180
LVIII – A. J. J. C. Macedo Júnior	181
LIX – Uma história	186
LX – No leito – M***	188
LXI – Pois não é?!	194
LXII – Na estrada – Cena contemporânea	197
LXIII – No jardim – Cena doméstica	199
LXIV – Risos	201

LIVRO NEGRO

I – Horas tristes............................	205
II – Dores.....................................	209
III – ***	214
IV – Fragmento.............................	218
V – Anjo! – M.	220
Última folha	222

PREFÁCIO

Em tom menor

É uma poesia de horta e campina, em que há laranjeiras com sabiás, regatos brincalhões, raios de lua e brisas travessas; nenhuma suspeita de Amazonas.

CARLOS DRUMMOND DE ANDRADE
"No jardim público de Casimiro"

Na trajetória da lírica romântica, a passagem para a poesia de Casimiro de Abreu é marcada por uma *descida de tom*, que pode ser mais bem caracterizada em termos de transição do *sublime* para o *belo*, de acordo com a terminologia estética vigente à época. Não por acaso, Antonio Candido intitulou um capítulo dedicado ao poeta de "O 'belo, doce e meigo': Casimiro de Abreu", valendo-se de expressão colhida no prefácio a *O Conde Lopo*, onde Álvares de Azevedo retoma a distinção entre esses dois conceitos, tal como teorizada por Kant, Burke, etc. Através dessa transição, podemos compreender não só o repertório de imagens, as figurações da natureza, o nível médio do estilo e da linguagem, como também a atitude de nosso poeta em face do amor, do mundo e da própria tradição poética local, em franco processo de *formação* à época[1].

Começando pelo repertório de imagens, Hélio Lopes já atentou para a singeleza do número reduzido de símiles empregados pelo poeta, que compreendem a *flor*, a *ave*, o *ninho* e o *barco*. No caso da primeira, especial destaque é dado ao *lírio*, "símbolo da inocência, mas também frágil flor que se verga ao vento, e se abrasa ao sol"[2]. No da segunda, em vez das aves de grande porte e alto vôo, mais propriamente inscritas na esfera do sublime (como a águia, o condor e o albatroz), Casimiro compara seu canto ao de pequenos pássaros como a juriti, a pomba, a rola e a araponga:

> Na minha terra, no bulir no mato,
> A juriti suspira;
> E como o arrulo dos gentis amores,
> São os meus cantos de secretas dores
> No chorar da lira.

---

1. Refiro-me aqui à concepção sistêmica de Antonio Candido no clássico *Formação da literatura brasileira: momentos decisivos* (Belo Horizonte, Itatiaia 1981, v. 2), onde consta o referido capítulo sobre Casimiro de Abreu.
2. Hélio Lopes. "O Rapazinho Casimiro". *Letras de Minas e Outros ensaios*. São Paulo, Edusp, 1997, p. 232.

> De tarde a pomba vem gemer sentida
> À beira do caminho;
> – Talvez perdida na floresta ingente –
> A triste geme nossa voz plangente
> Saudades do seu ninho.
>
> Sou como a pomba e como as vozes dela
> É triste o meu cantar;
> – Flores dos trópicos – cá na Europa fria
> Eu definho, chorando noite e dia
> Saudades do meu lar.

Já o *ninho* é evocado pelas suas conotações de maciez, calor e aconchego, enquanto o *barco* é empregado no sentido tradicional dado às *metáforas náuticas* desde os antigos, os quais, segundo Curtius, tendiam, com freqüência, a estabelecer uma analogia entre a composição de uma obra e uma viagem marítima. Para eles, fazer poesia era "soltar as velas" para, ao final da obra, recolhê-las. Em geral, o poeta épico tendia a navegar em um grande navio pelo amplo mar, enquanto o lírico seguia em um barquinho pelo rio[3]. Um exemplo de ambas as metáforas presentes em um mesmo poema pode ser encontrado nos seguintes versos de "Assim":

> Viste o lírio da campina?
> Lá se inclina

---

3. Ernst Robert Curtius. "Metáforas náuticas". *Literatura europea y Edad Media latina*. (Trad. Margit Frenk Alatorre e Antonio Alatorre.) México, Fondo de Cultura Económica, 1975, v. 1, p. 189.

E murcho no hastil pendeu!
– Viste o lírio da campina?
    Pois, divina,
Como o lírio assim sou eu!

Nunca ouviste a voz da flauta
    A dor do nauta
Suspirando no alto-mar?
– Nunca ouviste a voz da flauta?
    Como o nauta
É tão triste o meu cantar!

No que diz respeito às figurações da natureza, a transição para o belo se faz sentir no abandono dos cenários mais caracteristicamente sublimes, em função da grandiosidade, majestade, imponência e força que nos ameaçam destruir, como é o caso das grandes extensões de terra, dos desertos, das florestas cerradas e soturnas, do mar revolto pela tempestade ou das cordilheiras cujo cume parece tocar o céu. Em vez disso, Casimiro opta pelos recantos aprazíveis e cenas da natureza domesticada. Drummond já observou a respeito, que se trata de "uma poesia de horta e campina", enquanto Antonio Candido fala, na mesma linha, de sua "natureza de pomar, onde se caça passarinho, quando criança, onde se arma a rede para o devaneio ou se vai namorar, quando rapaz". De acordo com o crítico, a visão exterior do poeta

> está condicionada estreitamente pelo universo do burguês brasileiro da época imperial, das chácaras e jardins, que começavam a marcar uma

etapa entre o campo e a vida cada vez mais dominadora das cidades [...] Quando amplia o âmbito da visão, é ainda matizando de moderada beleza os aspectos ordinariamente exaltantes da paisagem [...] O fato dessa natureza amaciada *existir* denota o caráter concreto da sua poesia, que, apesar de intensamente subjetiva, se alia à realidade de uma paisagem despojada de qualquer hipertrofia, em benefício da atmosfera tênue dos tons menores.[4]

Os *tons menores* são, sem dúvida, produto da forma, métrica e ritmos mais freqüentemente adotados, bem como da linguagem e do estilo. A esse respeito, o crítico ainda demonstra como o poeta alcança o amaneiramento da forma (correlato ao dos temas) e sua dimensão predominantemente melopaica, que anestesia a razão e enfeitiça os sentidos, à custa do triunfo da "cadência bocageana" (censurada por outro poeta de sua geração: Junqueira Freire), da adoção de uma estrofação regular (desdenhando o verso branco e livre) e do ritmo invariável, mais cantante. Um exemplo antológico é, sem dúvida, "A Valsa", cujo compasso binário acaba sendo mimetizado pela marcação rítmica dos dissílabos

---

4. *Op.cit.*, pp. 195-6. Para um histórico detido e bastante interessante das oposições, transformações e significados histórico-sociais desses espaços (externos e internos, naturais e urbanos) no século XIX, ver capítulos como "A casa e a rua", do clássico estudo de Gilberto Freyre, *Sobrados e mucambos: Decadência do patriarcado rural e desenvolvimento do urbano*. Rio de Janeiro. José Olympio, 1951.

regulares, a fim de atualizar, no ato da leitura, a mesma vertigem que levava muita virgem incauta a se perder nos braços sedutores de seu par[5]. Nesse sentido, Casimiro realiza plenamente o ideal romântico da aproximação entre poesia e música, não só pela evanescência do verbo e pelos ritmos cantantes, mas pela própria destinação de sua obra, que granjeou muito de sua fama em meio aos salões e saraus do tempo[6].

Quanto à linguagem e ao estilo, por mais que o Romantismo tenha rompido com a divisão tra-

---

5. Em mais de um poema (como "O baile" e "Segredos", entre outros), Casimiro retoma o tema da valsa, dos bailes e do salões (espaço muitas vezes de iniciação dos jovens na vida social e de maior aproximação física entre os sexos) vistos em geral como o ambiente da falsidade, da leviandade, da lascívia, da sedução e da perdição – visão, aliás, bastante recorrente entre os românticos. No caso específico da valsa, há cenas antológicas como a de *Senhora*, quando a heroína de Alencar vai, num crescendo, do rodopio vertiginoso ao desmaio nos braços do marido, em uma *quase* entrega absoluta, marcada de ambigüidade. Sobre a visão da dança, particularmente da valsa, dos bailes e salões no século, vejam-se os estudos de Michelle Perrot sobre a *História da vida privada* (São Paulo, Companhia das Letras, 1991, v. 4) – onde assinala a "má reputação" da valsa à época – e o de Dante Moreira Leite em *O amor romântico e Outros temas*. (São Paulo, Companhia Editora Nacional, 1979, pp. 50-3).

6. Sobre essa repercussão, nota José Veríssimo: "Casimiro de Abreu teve contra si os recitadores de salão. O seu lirismo doce e simples, a sua emoção, intensa mas fácil, a mesma forma que deu a muitos dos seus poemas tornaram-no o poeta preferido de uns sujeitos e também de umas sujeitas que, vinte anos atrás, deliciavam os saraus familiares dizendo em melopéia, com gestos descompassados, olhos lânguidos e ares apaixonados, versos de

dicional, não se pode deixar de notar o quanto Casimiro parece se aproximar do *nível médio* da convenção clássica, que segundo Auerbach, "é empregado para ser calmamente divertido", pois nele "espírito (*wit*), psicologia, sensibilidade elegante e descrição detalhada e encantadora são a ordem"[7]. Essa mistura de tons ou registros deixa-se perceber sobretudo no trato com a matéria amorosa – de acordo, aliás, com o previsto pela estética do belo[8].

Mais uma vez Antonio Candido foi quem melhor sintetizou a "teoria burguesa do amor romântico" presente em Casimiro, segundo a qual "devem ficar subentendidos os aspectos carnais mais diretos, devendo, ao contrário, ser manifes-

---

Casimiro de Abreu, de Soares de Passos, de Tomás Ribeiro e de outros poetas do mesmo valor ou somenos. E a fama do nosso poeta confundiu-se com a dos seus poemas recitados nas salas, e que, como uma flor muito cheirada acaba por perder o perfume, tinham acabado por perder a emoção real que neles havia. Quando vieram outros tempos, talvez de mais prosa, entraram, a principiar pelos novos poetas, a achá-lo demasiado sentimental, *piegas*, como diziam. Não nos admiremos, o mesmo sucedeu na França com Lamartine, que é como ele um sentimental e que hoje ressurge glorificado por alguns como o maior poeta francês do século. (*Estudos de literatura brasileira*. 2ª série. São Paulo, Edusp; Belo Horizonte, Itatiaia, 1977, pp. 36-7).

7. Erich Auerbach. "Camilla, or the Rebirth of the Sublime". *Literary language & Its Public in Latin Antiquity and in the Middle Ages*. (Trad. Ralph Manheim.) Princeton, Princeton University Press, 1965.

8. Emmanuel Kant. *Observações sobre o sentimento do belo e do sublime*. (Trad. Vinicius de Figueiredo.) Campinas, Papirus, 1993, pp. 25 ss. É ainda Kant quem observa que a amizade é sublime, enquanto o amor pelo outro sexo é belo.

tado com o maior brilho e delicadeza possível o que for idealização da conduta". O crítico também frisou a distância que separa a experiência amorosa de Casimiro da unção de Gonçalves Dias e do desespero por vezes satânico de Álvares de Azevedo e Junqueira Freire, graças ao "encantamento da carne" e à excitação viva dos sentidos, mascarada entretanto por um jogo hábil de negaceios e imagens delicadas, elaboradas de forma virtuosística[9].

Outro aspecto distintivo do tratamento dispensado à lírica amorosa, em comparação com seu contemporâneo (e líder) de geração, Álvares de Azevedo, é, primeiramente, o abandono dos ambientes fechados e asfixiantes, como as alcovas em que Maneco contemplava o sono da amada. Verdadeiro *complexo de bela adormecida* – e uma das *lateralidades* do *medo de amar* identificado por Mário de Andrade em clássico (e discutível) estudo sobre a psicologia dos nossos românticos –, a própria contemplação do sono da amada é prática menos freqüente na poesia de Casimiro, presente apenas em dois ou três poemas como "Sonhos de virgem", "Sonhando" e "Na rede". Embora o complexo de *amor e medo* esteja presente e encontre justamente em um dos mais famosos poemas de Casimiro o título mais explícito, a verdade, segundo Mário de Andrade, é que ele "sofreu muito pouco o medo de amar"[10].

---

9. *Op.cit.*, pp. 197-8.
10. Mário de Andrade, "Amor e medo". *Aspectos da literatura brasileira*. São Paulo, Martins, s/d, p. 212. Para

Diferentemente, também, a atitude de entrega absoluta ao sentimento devotado à amada, num juramento de fidelidade eterna e incondicional, como é comum na tradição da lírica amorosa, tende a ser relativizado aqui em função das constantes denúncias, por parte da mulher enciumada, das pequenas traições e flertes do poeta assanhado, que chega mesmo a admiti-los, buscando, em boa medida dos versos, convencê-la de que esses deslizes são bobagens e não afetam em nada o amor maior que lhe devota. O próprio fato de a mulher expressar seu ciúme já rompe com o retrato ideal forjado pela mais antiga convenção medieval do *amor cortês* (de que o Romantismo é ainda, em boa medida, tributário), segundo a qual a perfeição da amada se deve ao fato de ela ser auto-suficiente, completa em si mesma, superior, portanto indiferente ao desejo e totalmente alheia ao sentimento que lhe é devotado – que dirá, então, um acesso de ciúme[11]!

Um terceiro aspecto distintivo, que foge à tendência mais convencional, vigente ainda na experiência tortuosa dos poemas de Álvares de Azevedo, é o caráter mais tangível da vivência

---

uma discussão sobre a tese de Mário, ver os comentários de Antonio Candido no capítulo sobre Álvares de Azevedo, na *Formação*.

11. Ver, a respeito deste e de outros aspectos da convenção amorosa ocidental, o estudo excepcional (em muito superior ao clássico de Denis de Rougemont) de R. Howard Bloch, *Misoginia medieval e a invenção do amor romântico ocidental*. (Trad. Cláudia Moraes.) Rio de Janeiro, Editora 34, 1995, pp. 180 ss.

amorosa – "um amor de carne, abrindo-se em idealização formal no plano do espírito"[12] – que seria, depois, aprofundado por Castro Alves.

Há, ainda, por vezes, o lado meio cafajeste do eu lírico de poemas como "Segredos", onde espicaça a curiosidade do leitor, ameaçando denunciar o nome da amada (lembrando que, na lírica mais tradicional, manter velada a identidade da mulher era uma convenção do gênero) e dizer das liberdades que tomou com ela.

Mais ou menos na mesma linha, veja-se ainda a "cretina safadeza das minúsculas libertinagens" do eu lírico de *As primaveras*, que tanto irritavam Mário de Andrade, tomando-as como reedição das estratégias do conquistador sonso, freqüente na lira portuguesa. Ele aparece em poemas como "A Moreninha", quando o eu lírico aproveita-se da ocasião em que a bela florista lhe oferta as flores para bulinar os peitos moça:

> Eu disse então: – Meus amores,
> "Deixa mirar tuas flores,
> "Deixa perfumes sentir!"
> Mas naquele doce enleio,
> Em vez das flores, no seio,
> No seio te fui bulir!

O humor leve e a identidade lírica do eu adolescente deve ter favorecido, em boa medida, a aceitação dessas pequenas liberdades (ou, melhor, *libertinagens*) do eu lírico, vistas com o riso condescendente de quem as considera "pró-

---

12. Antonio Candido, *op. cit.*

prias da idade" e inofensivas – embora, no fundo, bem pouco inocentes, como notou Mário[13].

É ainda Mário de Andrade quem nota uma certa dose de perversão do eu lírico de *As primaveras*, quando se compraz sadicamente com o sofrimento e o choro da amada, cujo exemplo máximo pode ser encontrado nos versos do justamente intitulado "Quando Tu Choras"[14].

Um último aspecto da lírica amorosa de nosso poeta está no fato de ele tematizar "a gostosa distinção entre morenas e louras", no dizer de Hélio Lopes. Contrariando a tese de Gilberto Freyre sobre a suposta valorização da beleza morena em detrimento da loira, na tradição do lirismo luso-brasileiro[15], o poeta alega nos versos do justamente intitulado "Clara":

> Não sabe, Clara, que pena
> Eu teria se – morena

---

13. "Casimiro de Abreu é mestre nesse gênero de poesia graciosa, própria dos assustados familiares, que a gente vive esquecendo que no fundo é bem pouco inocente". (*Op. cit.*, p. 205.)

14. Mário diz que esse sadismo é "dum carioquismo seresteiro que nem texto de samba praceano". (*Idem.*)

15. De acordo com o autor de *Casa grande & senzala*, essa predileção seria fruto do longo contato dos sarracenos, que levou os lusitanos a idealizar o tipo da "moura encantada", morena de olhos negros, envolta em uma aura de sensualidade, cuja réplica o colonizador viria encontrar aqui, nas índias nuas de cabelos soltos. Para a refutação dessa hipótese, ver as considerações de Sérgio Buarque de Holanda em *Capítulos de literatura colonial*. São Paulo, Brasiliense, 1991, pp. 201 ss.

Tu fosse em vez de *clara*!
Talvez... Quem sabe?... não digo...
Mas refletindo comigo
Talvez nem tanto te amara!

A tua cor é mimosa,
Brilha mais da face a rosa,
Tem mais graça a boca breve,
O teu sorriso é delírio...
És alva da cor do lírio,
És *clara* da cor da neve!

A morena é predileta,
Mas a clara é do poeta:
Assim se pintam os arcanjos.
Qualquer, encantos encerra,
Mas a morena é da terra
Enquanto a *clara* é dos anjos!

Mulher morena é ardente;
Prende o amante demente
Nos fios do seu cabelo;
– A *clara* é sempre mais fria,
Mas dá-me licença um dia
Que eu vou arder no teu gelo!

A cor morena é bonita,
Mas nada, nada te imita
Nem mesmo sequer de leve.
– O teu sorriso é delírio...
És alva da cor do lírio,
És *clara* da cor da neve!

À idealização, elevação e amor espiritualizado convencionalmente associado à mulher loira, contrapõe-se o amor mais erotizado e carnal dedicado à beleza contrária, como se vê, também, nos versos do já citado "A Moreninha". Por mais *convencional* que seja tal distinção (e valorização parcial) de ideais de beleza feminina[16], é preciso atentar ao quão perigosa ela se torna quando trazida sem mais para uma sociedade fortemente miscigenada como a nossa, onde a *moreninha* tornou-se um eufemismo do tempo para acobertar a ascendência racial da mulher. E como a raça era, nesse contexto, muitas vezes determinante da posição social, é curioso que a moreninha do poema de Casimiro seja justamente uma *florista*, portanto uma pobre *filha do povo* como se costumava falar então. Talvez seja justamente por causa de sua posição social que o rapazinho burguês a aborde tão ousadamente, valendo-se de uma prerrogativa de classe. O preconceito que perpassa veladamente esses versos não parece assim tão longe daquele revelado por Álvares de Azevedo no poema dedicado

---

16. Na verdade, de acordo com Sérgio Buarque, tamanha parcialidade não foi assim tão exclusivista na tradição clássica, pois se sabe do fascínio exercido pelos olhos e cabelos negros, embora só na poesia semi-jocosa ou de timbre menor. É, "sem dúvida, os Setecentos, em particular o Arcadismo Setecentesco, que tornou possível o prestígio, moderno na poesia, mesmo na poesia luso-brasileira, da mulher morena". (*Op. cit.*) Como se trata de um timbre que muito se aproxima da poesia de Casimiro, é possível pensar que o autor de *As primaveras* não estaria fazendo nada além de levar adiante a convenção. O curioso, ainda assim, seria a cegueira ou total inconsciência com relação ao contexto histórico-social e racial de que participa.

a sua famosa lavadeira – embora Casimiro não chegue a cobrir de ridículo sua "rosa da aldeia" como o faz o autor de "É ela, é ela, é ela..." com sua "Dulcinéia encantada"[17]. Nesse sentido, a distinção entre loiras e morenas não parece tão ingênua e impunemente *gostosa* como quer Lopes.

Uma vez descrita a transição para o belo em termos de imagens, natureza, linguagem e estilo, e no trato com a temática amorosa, cabe por fim considerar como ela se configura na atitude e posição do poeta em face da tradição. A esse respeito, é interessante atentar, antes, ao modo como Casimiro revisita alguns dos temas, não necessariamente "originais", mas imortalizados entre nós pelos dois grandes que o antecederam: Gonçalves Dias e Álvares de Azevedo. Do primeiro, derivam as versões da *canção do exí-*

---

17. Comentando o poema de Azevedo e o tratamento dispensado à lavadeira, Antonio Candido observou o seguinte a respeito da dimensão "perversa" dos versos, "onde reponta um sentimento de classe tão antipático nesse filho família bem-educado (...) A mulher de 'É ela!' é uma mulher que se pode possuir; mulher de classe servil, a respeito da qual não cabem, para o mocinho burguês, os escrúpulos e negaças relativos à virgem idealizada. Por isso mesmo, porque ela está à sua mercê, cobre-a de ridículo a fim de justificar a repulsa. A timidez sexual leva-o a maneiras desenvoltas apenas com mulheres de condição inferior, que incorpora à poesia segundo o mesmo espírito de troça com que são tratados os servos da comédia clássica; que *poderia* mas não *quer* possuir". (*Op. cit.*, p. 83.) A diferença com relação ao eu lírico de Casimiro é que ele não teme nem repudia, mas quer possuir, e por isso não chega a cobri-la de repulsa.

lio[18], enquanto do segundo, além do tema da *lembrança de morrer* (que comparece com menor freqüência), procede sobretudo o mito romântico do *adolescente*, ao qual se liga o conflito do *amor e medo* já comentado anteriormente. Com relação a esse estatuto do *adolescente* configurado pelo eu lírico, é preciso esclarecer que ele não mantém qualquer relação com a *pessoa* do poeta. Trata-se de um *mito* romântico, literariamente construído, como foi o *índio* para a primeira geração, procedendo, aliás, da mesma matriz *rousseauísta*, que via em ambos uma maior proximidade daquela bondade e pureza originais as quais seriam, depois, corrompidas pelo convívio em sociedade[19]. Desconsiderar o estatuto *adolescente* do eu lírico forjado pelo poeta

---

18. A admiração confessa por Gonçalves Dias, em particular, se faz sentir não só nessas várias versões, mas também em menções expressas ao poeta indianista, como se vê no prefácio a *As primaveras* e nos versos e epígrafe de "Minha Terra". Isso sem falar em apropriações evidentes de versos famosos de Gonçalves Dias, como os de "Leito de Folhas Verdes", que reaparecem do seguinte modo no poema que empresta o título à coletânea de Casimiro: "E doce e bela no tapiz das flores/Melhor perfume a violeta exala".

19. Como mito, ele não resiste à prova de confrontação com o real, não cabendo, portanto, indagar sobre a maior ou menor veracidade da imagem cunhada pelos românticos em face da realidade da adolescência à época (como já se fez a respeito do mesmo mito em Álvares de Azevedo). Para um comentário a respeito da imagem da adolescência no século, ver Michelle Perrot (*op.cit.*). De Jean-Jacques Rousseau, ver o capítulo 7 de *Emílio, ou Da educação*.

é ignorar a coerência da visão de amor e de mundo por ele instituída, segundo a qual, a dor e a amargura tendem, nessa idade, a se dissipar prontamente diante do sorriso e da "voz mimosa da mulher querida". Isso sem falar na insistência com que o próprio eu reitera sua condição juvenil desde o prefácio, seja de forma literal seja metaforizada, por exemplo, na imagem central das *primaveras*, cujo significado óbvio é ainda reiterado pela epígrafe de Metastasio na abertura do poema que dá nome à coletânea:

> O Primavera! Gioventú dell'anno,
> Gioventú! Primavera della vita.

Volto ainda uma vez ao diálogo com os dois grandes que antecederam nosso Poeta. Apesar da reconhecida influência (inclusive como forma de atestar a *continuidade* literária e a *formação* de uma *tradição* poética local), a crítica sempre foi unânime em reconhecer de imediato que Casimiro de Abreu jamais chegou a equiparar-se a eles. Tome-se como exemplo a seguinte passagem do ensaio de Capistrano de Abreu, que interessa mais do que os outros intérpretes justamente porque opera com a oposição, empregado aqui, entre o sublime e o belo para delimitar o lugar do poeta em face da tradição literária:

> Já se viu que a polpa de seu talento, o elemento orgânico de suas obras é a tendência para as cenas risonhas, para os sentimentos suaves, para as concepções mimosas. [...] Casimiro é um poeta mimoso, delicado, gracioso e agradável. É

um bom *poeta*, nunca seria um *grande* poeta. Falta-lhe aquele fôlego que traduz épocas da História, como Homero para a idade Homérica, Dante para a Idade Média, Shakespeare para o Renascimento, Byron para a crise que decompõe a sociedade moderna. [...] Se fosse romancista, nunca desenharia um tipo como Molina ou Brás, de José de Alencar. Poeta, nunca escreveria versos como a "Tempestade" e o "I-Juca-Pirama" de Gonçalves Dias. Entretanto, Casimiro de Abreu será sempre lido, admirado e sentido, e, após a contemplação de Alencar e Dias, nosso futuro historiador literário há de estudar com simpatia aquele perfil insinuante, tornando-o ainda mais sedutor pela penumbra que o cerca, do mesmo modo que, após a poesia sublime do deserto, repousa a alma do viajor a lobrigar a torrente cristalina que se espreguiça aos pés das palmeiras do oásis verdejante.[20]

Embora pertinentes ao aquilatar o estatuto da poesia de Casimiro, comentários como esse não chegam, entretanto, a enfatizar o quanto há de *intencionalidade* nessa imagem do *poeta menor*, produto de uma efetiva *construção* retórico-literária.

De fato, não há nessa poesia grande força meditativa, nem o embate com sentimentos profundos e dolorosos (para se ter uma idéia, o máximo alcançado pelo poeta são as elegias da der-

---

20. Capistrano de Abreu. *Ensaios e estudos: crítica e história*. 1ª série. Rio de Janeiro, Civilização Brasileira; Brasília, INL, 1975, pp. 18-21.

radeira seção: o *Livro negro*), nem qualquer ambição de superar ou sequer equiparar-se ao legado daqueles que o antecederam – a *angústia da influência* experimentada pelo *poeta forte* de Harold Bloom seria impensável aqui. Isso entretanto não deve ser justificado em termos de uma menor competência do poeta para alçar às altas paragens do sublime.

Devemos olhar com certa desconfiança para as alegações do nosso *poeta do amor e da saudade* no prefácio de *As primaveras*, quando atribuiu à *imaturidade juvenil* os "raríssimos lampejos de reflexão e de estudo" presentes em seus versos (o que, por outro lado, é um modo sutil de sugerir maior espontaneidade, pureza e autenticidade dos sentimentos por eles expressos, bem ao gosto romântico). Ou ainda quando se coloca deliberadamente numa posição *secundária* em comparação com Gonçalves Dias[21]. (Não esqueçamos que a *falsa modéstia* já era um lugar-comum entre os antigos.)

Aqui, a ênfase dada à condição *adolescente* do eu lírico e à imagem do *poeta menor* compõem *deliberadamente* um todo coerente com a atitude assumida em face da tradição e com a convenção do belo, que confere unidade ao repertório limitado de temas e imagens singelas, à visão simplória de amor e de mundo, às formas

---

21. "Até então, até seguirmos o vôo arrojado do poeta de – I-juca-Pirama – nós, cantores novéis, somos as vozes secundárias que se perdem no conjunto de uma grande orquestra; já o único mérito de não ficarmos calados."

amaneiradas, à linguagem e estilo médio. Isso tudo visando, claramente, o ajuste ao gosto médio do tempo e um maior alcance de comunicação popular, que garantiu a Casimiro, um ano após sua morte e o silêncio frustrante dos mais respeitáveis críticos e literatos de plantão[22], a fama crescente que lhe permitiria entrar para a história literária como o "maior poeta dos modos menores"[23].

VAGNER CAMILO

---

22. De acordo com o biógrafo do poeta, Nilo Bruzzi, esse silêncio só seria rompido, curiosamente, por intermédio dos *caixeiros* da época, que difundiram a poesia de Casimiro até as províncias mais distantes do país, inclusive em edições portuguesas não autorizadas (o que bem atesta o alcance popular desses versos).

23. Antonio Candido, *op. cit.*

CRONOLOGIA

1839. Nascimento de Casimiro José Marques de Abreu a 4 de janeiro na freguesia da Barra de São João, na então Província do Rio de Janeiro. Era filho natural de um rico comerciante e fazendeiro português, José Joaquim Marques de Abreu, e Luísa Joaquina das Neves.

1849-1852. Estada no Colégio Freese, Nova Friburgo (RJ), para completar os primeiros estudos. Conhece aí Pedro Luís, seu grande amigo para o resto da vida.

1852. Chegada ao Rio de Janeiro, para estudar e praticar comércio, atividade que muito lhe desagradava e à qual se submete por imposição paterna.

1853. Viagem para a Europa, na companhia do pai. Dá início à sua atividade literária em Lisboa, compondo o drama *Camões e o Jau* e publicando um conto e alguns outros escritos.

1856. Publicação e representação de *Camões e o Jau* no Teatro D. Fernando.

1857. Retorno ao Brasil, instalando-se novamente no Rio onde, ainda sob o pretexto dos estudos comerciais, freqüenta as rodas literárias da época, nas quais era bem relacionado.

1859. Publicação de *As primaveras*.

1860. Morte do pai do poeta, que sempre custeou a vida literária do filho e com quem parece ter-se dado bem, apesar de algum conflito (muitas vezes alardeado injustamente) resultante da imposição da carreira.

Tendo buscado em vão algum alívio, em Nova Friburgo, para a tuberculose que o vitimou, Casimiro de Abreu recolheu-se à fazenda de Indaiaçu, em São João, onde veio a falecer, seis meses após a morte do pai (e no mesmo lugar), a 18 de outubro.

BIBLIOGRAFIA
(*Vida e obra*)

Edições Consultadas:

As primaveras (org. Domingos Carvalho da Silva). São Paulo, Livraria Martins Ed., s/d.
Obras de Casimiro de Abreu (org. Souza da Silveira). São Paulo, Companhia Editora Nacional, 1940.

Fortuna Crítica[1]:
(selecionada)

ABREU, Capistrano de. *Ensaios e estudos: crítica e história*. 1ª série. Rio de Janeiro, Civilização Brasileira; Brasília, INL, 1975, pp. 5-21.

---

1. Para uma apreciação da primeira recepção crítica do poeta, o leitor pode encontrar, na edição da Garnier das *Obras completas*, organizada em 1877 (e reimpressa em 1920) por Joaquim Norberto, uma recolha significativa de textos de contemporâneos como Justiniano José da Rocha, Fernandes Pinheiro, Pedro Luís, Velho da Silva, Ernesto Cibrão, Reinaldo Carlos Montoro, Maciel do Amaral, Ramalho Ortigão, Pinheiro Chagas e do próprio Norberto.

AMORA, Antônio Soares. *A literatura brasileira. O Romantismo (1833-1838/1878-1881).* São Paulo, Cultrix, 1967, v. II, pp. 161-74.

ANDRADE, Mário de. "Amor e medo". *Aspectos da literatura brasileira.* São Paulo, Livraria Martins Ed., s/d.

ANDRADE, Carlos Drummond de. "No jardim público de Casimiro de Abreu". *Confissões de Minas. Poesia e Prosa.* Rio de Janeiro, José Aguilar, 1992.

BOSI, Alfredo. *História concisa da literatura brasileira.* São Paulo, Cultrix, 1977, pp. 127-8.

BRUZZI, Nilo. *Casimiro de Abreu.* Rio de Janeiro, Aurora, 1949 (*biografia*).

CANDIDO, Antonio. "O 'belo, doce e meigo': Casimiro de Abreu". *Formação da literatura brasileira: momentos decisivos.* Belo Horizonte, Itatiaia, 1981, v. 2, pp. 194-200.

LOPES, Hélio. "O Rapazinho Casimiro". *Letras de Minas e outros ensaios* (org. Alfredo Bosi). São Paulo, Edusp, 1997, pp. 231-5.

MORAIS, Emanuel de. "Casimiro de Abreu" *in* COUTINHO, Afrânio. *A literatura no Brasil.* Rio de Janeiro, José Olympio Editora; Niterói, UFF, 1986, v. 3. pp. 162-88.

VERÍSSIMO, José. *Estudos de literatura brasileira.* 2ª série. São Paulo, Edusp; Belo Horizonte, Itatiaia, 1977, pp. 32-9.

INTRODUÇÃO

Dos de maior destaque é o lugar ocupado por Casimiro de Abreu na poesia brasileira. Todavia, não lhe foi difícil conquistá-lo. Nem grande lastro de cultura literária, nem excessivo esforço intelectual, nem mesmo uma obra volumosa lhe exigiu a glória para coroá-lo, sem hesitação, com os seus lauréis. Coube ao poeta de *As primaveras* a ventura de comover o coração do povo com uma linguagem praticamente desconhecida antes do lançamento do seu livro. Uma linguagem que por vezes o situa mais próximo do bardo popular que do poeta erudito, mas que feria pela sensibilidade e atingia em cheio o que de mais delicado havia na alma brasileira de uma época em que o Brasil, pouco antes desperto do sono do colonialismo, procurava por todos os meios a justificação de sua existência como Nação autônoma.

A poesia brasileira – digna deste qualificativo – nascera praticamente com os primeiros românticos, e seu expoente – Gonçalves Dias – era apenas treze anos mais velho que Casimiro. A calorosa saudação de Alexandre Herculano aos Primeiros Cantos de Gonçalves Dias tivera realmente o sentido de uma carta de emancipação, na qual se reconheciam todos os foros de maioridade e cidadania à lírica nacional, que até o começo do século funcionara como simples dependência da poesia portuguesa.

Gonçalves Dias tentara substituir, na poesia brasileira, as velhas tradições européias, ausentes na história recentíssima do Brasil, pelos mitos e pelas lendas indígenas. Tão pesado empreendimento, arquitetado à base de uma cultura tão pobre e tão mal conhecida como era a dos filhos autóctones da América, só poderia ter sucesso nas mãos de um gigante. Gonçalves Dias foi esse pequeno gigante, culto e extravasante de talento, que suportou sobre os ombros de atlante a pesada e preciosa carga do indianismo poético. Nele renasciam as ignoradas formas de uma "civilização" aniquilada pelos invasores europeus e brilhavam virtudes empolgantes. E o indianismo foi mais do que um simples movimento intelectual, chegando mesmo a conquistar a massa popular, incerta quanto às suas origens.

Gonçalves Dias era um mestiço, filho de um português e de uma cafuza. O sangue americano, na proporção aproximada de 1:4, corria-lhe nas veias. O sangue de Casimiro de Abreu era, porém, ao que parece, limpidamente português[1].

---

1. Não se exclua, porém, a hipótese de, entre os ancestrais da mãe do poeta, haver gente de outra origem que não a portuguesa.

Poderia este poeta amar apaixonadamente o céu e o sol de sua pátria, as juritis que suspiravam no "bulir do mato", mas nada o ligava aos peles-vermelhas que durante sessenta ou noventa séculos tinham se entredevorado à sombra de jequitibás gigantescos, de palmares abertos à luz tropical, ou à margem de rios imensuráveis. Talvez isto explique as semelhanças e as diferenças que o relacionam com Gonçalves Dias. Admirava e imitava o mestre, amava como este a pátria e suas amplitudes inimagináveis e, como ele, quis também sofrer as agruras de um *exílio* – gozado embora às margens tranqüilas do Tejo –, mas jamais pecou pela afetação de uma atitude de saudosismo autóctone.

Que Casimiro amava ardentemente o Brasil é tema pacífico. Amava-o a despeito de não ter tido, nele, uma infância realmente feliz e de nele não ter encontrado condições favoráveis ao desenvolvimento de sua vocação literária. E talvez porque em Portugal tais condições fossem mais benignas (lá começou a publicar seus poemas em numerosos periódicos, lá escreveu e levou à cena sua pequena e insulsa peça *Camões e o Jau*), parece ter amado, senão Portugal, pelo menos o que a tradição literária portuguesa significava para a formação cultural brasileira. A peça citada é, pelo seu texto, um documento bem claro.

Erro mortal teria cometido, porém, Casimiro, se houvesse limitado suas ambições ao tema mofino de *Camões e o Jau*, ou seguido as pegadas dos românticos portugueses. Seu destino era outro porém, e em Lisboa, tendo à cabeceira os livros já então editados de Gonçalves Dias, e nos olhos as paisagens distantes e luminosas da pátria, sentiu que seu rumo era o de cantar lusitanamente a saudade, mas de um modo curioso: o sangue português voltava à mãe-Pátria, saudoso do exílio.

Foi essa saudade cantada com a doçura do coração do poeta, numa linguagem acessível a todos os filhos do Brasil, que amavam a jovem Pátria mas não tinham ainda descoberto os pretextos literários desse amor, foi essa saudade que transformou Casimiro num poeta, num porta-voz de um povo jovem e triste, quase estrangeiro em sua própria terra, instintivamente nostálgico de suas origens e sem um sentido profético para o seu futuro.

Ao abrir *As primaveras* (ed. de 1859) encontramos logo a "Canção do exílio" (nome do poema de abertura das "Poesias Americanas", de Gonçalves Dias), cujo primeiro verso nos informa: "Eu nasci além dos mares". Aí está um início de manifesto, de autobiografia. Mas, que força de sedução não tem essa frase proclamada pelo filho de um país imenso, agreste e inculto, que preferia "a terra das mangueiras – e as palmeiras" à Europa cheia de museus e de universidades! Tudo no Brasil era maravilhoso, para Casimiro de Abreu, desde

> ... os galhos da sapucaia
> Na hora do sol ardente

até os "gentis soluços" da juriti, no seu "final suspiro".

Creio ser supérfluo discutir a sinceridade de Casimiro, no trato dos seus temas, mesmo porque sua obra está acima das próprias intenções do autor, ou das circunstâncias em que foi gerada. Por mim, no entanto, confessarei minhas dúvidas quanto a boa parte de tal sinceridade [2]. O romantismo nutriu-se da afetação dos sentimentos e, no Brasil, isto foi levado ao extremo. Por isso mesmo uma coroa de martírio substituiu na imaginação popular o laurel que deveria ornar a fronte de Álvares de Azevedo, Castro Alves, Casimiro de Abreu... E, no entanto, que vida expansiva e movimentada, e em boa parte alegre, não desfrutaram esses mancebos cortados à vida – mas não à imortalidade – na flor da juventude!

A vida de Casimiro não foi nenhuma catástrofe. Apenas os derradeiros meses dessa existência, posteriormente pintada como um calvário, foram realmente duros. A tuberculose o consumiu com rapidez e voracidade, como se o incêndio da morte tivesse sido ateado a uma tocha embebida em pez. Casimiro, porém, não soube jamais que um glorioso poeta morria nesse incêndio. Ele era, para si mesmo, apenas o sr. Casimiro José Marques de Abreu, autor de um livro de versos que não obtivera ressonância crítica, e filho do comerciante José Joaquim Marques

---

2. Confronte-se o texto da poesia "Meus Oito Anos" com este trecho de "A Virgem Loura": "Ah! meus oito anos! Quem me dera tornar a tê-los!... Mas... nada, não queria, não; aos oito anos eu ia para a escola, e confesso francamente que a palmatória não me deixou grandes saudades."

de Abreu e da viúva d. Luísa Joaquina das Neves. Longe estava de suspeitar que seu nome viria a figurar, mais tarde, nas antologias brasileiras, entre o de Gonçalves Dias, que tomara por guia, e o de Álvares de Azevedo, que admirara a ponto de, em certas passagens de *As primaveras*, tomar por figurino[3].

Antes, porém, de cair enfermo, Casimiro foi um moço bafejado pela fortuna. Seu pai, com todos os defeitos humanos que lhe possam ser atribuídos, foi – e isto está bem claro na Introdução de Afrânio Peixoto às *Primaveras* – um amigo verdadeiro e paciente, que jamais o desamparou. Outro poderia – como é muito comum em casos semelhantes – ter negado ao filho o reconhecimento da própria paternidade. Ele reconheceu-o, protegeu-o e fê-lo estudar e preparar-se para seu sucessor na administração e gozo da fortuna que havia acumulado desde que, com as algibeiras vazias, descera no cais do Rio, procedente de Portugal. Era Casimiro seu único filho varão, e, dada a natureza dos seus negócios, convinha-lhe que o moço tivesse habilitações para a gestão dos mesmos. Por isso, depois de ter estudado, durante quatro anos, em Nova Friburgo, Casimiro desceu para o Rio, a fim de se habituar, no convívio de um escritório, à tarimba comercial. Não foi postar-se atrás de um balcão como simples caixeiro (embora fosse na época a profissão

---

3. A "Canção do exílio" (segunda) faz lembrar, em algumas passagens, a "Lembrança de morrer", de Azevedo.

de caixeiro detentora de regular prestígio social), mas junto a uma escrivaninha, no escritório de comerciantes de importância, correspondentes e amigos de seu pai. O adolescente Casimiro não apreciou porém essa vida, e o pai – ao que tudo indica – não insistiu. Pouco mais de um ano correra depois de sua chegada ao Rio, e já ele seguia para Portugal.

Lá, no amável *exílio* que lhe permitia passeios a Coimbra e ao Porto, e a convivência de escritores jovens ou não, mas de prestígio, Casimiro continuou a receber – do pai – dinheiro suficiente para uma vida tranqüila. Escreveu sua citada peça e a levou à cena, e publicou, em 1856. E escreveu também as melhores páginas do seu livro. Só depois de decorridos três anos e meio de sua permanência em Portugal, é que o poeta foi novamente chamado ao Rio. O pai envelhecia, o filho tornava-se adulto, a hora de acontecimentos importantes aproximava-se. Casimiro ia ser um homem de altos negócios, num país novo e rico, sem que para isso tivesse dispendido o mínimo esforço...

Todavia, chegado ao Rio, o poeta não se mostrou à altura da missão que, na vida prática, o destino lhe reservara. Reconduzido a um escritório, pouco tempo permaneceu junto à sua nova escrivaninha. Entregou-se inteiramente à poesia e à idéia de publicar um livro de versos, desmerecendo a importância da responsabilidade que lhe advinha de sua situação de herdeiro, em perspectiva, de uma boa soma, e de trabalhosos negócios. O pai, zeloso dos bens que acumulara e cujo destino interessava também às suas filhas, irmãs do poeta, deve ter tentado chamar o filho à realidade. Inutilmente, porém. E, afinal, mandou entregar a Casimiro o dinheiro de que este necessitava para imprimir seu livro de poesia...

É este o pai que a tradição – alimentada por Joaquim Norberto e outros comentadores facciosos – transformou num carcereiro, e perseguidor do próprio filho. Este pai que satisfizera todos os caprichos do adolescente – algumas vezes ingrato – e afinal consentia no custeio de uma aventura literária à qual não poderia atribuir a menor importância, pois jamais suspeitaria de que havia gerado, de seu leito sem matrimônio com uma viúva do sertão fluminense, uma das mais poderosas forças líricas da poesia brasileira!

Não se pense, no entanto, que Casimiro deu ao dinheiro destinado à impressão de *As primaveras* o fim conveniente. Ele amava a vida boêmia, divertia-se em festas, era amigo da dança e do namoro, e até aos folguedos superficiais do carnaval se entregava com ardor... Freqüentava também as livrarias, onde folheava as novidades e trocava idéias com os escritores importantes da época, e preparava o ambiente para o lançamento do seu livro. E, nesse convívio social e literário, o poeta gastou o dinheiro destinado ao livro, cujo impressor somente veio a ser pago, aliás, depois de sua morte.

A propósito, cabe apreciar aqui as origens da lenda de ter sido Casimiro uma vítima da perseguição de seu pai. Em parte, essa lenda teve sua base no texto de cartas escritas pelo poeta a amigos, e nas quais se queixava, sem nenhuma razão, de José Joaquim. Numa delas, datada de 27 de outubro de 1858, chegava a dizer: "Se as coisas não mudarem eu mato-me ou fujo e vou ser marinheiro..." Mas por que todo esse desespero? Dizia o poeta na mesma carta: "Tenho sido sempre contrariado em tudo. Hoje tenho o meu futuro perdido e a minha mocidade gasta moralmente. Amarraram-me a uma escrivaninha, querem que eu siga à força uma carreira para a qual não posso ter inclinação e querem que eu viva satisfeito." E mais adiante: "Faz hoje exatamente um mês que escrevi a meu Pai, pedindo licença para a publicação do meu volume e também dinheiro para isso (que é o principal e único motivo por que ainda não tem saído). Ainda não recebi resposta", etc.

A revolta de Casimiro provinha portanto de uma circunstância banal: o atraso da resposta do pai a um pedido que este teria, evidentemente, o direito de não atender. A melhor prova da falta de justiça dos queixumes de Casimiro está, no entanto, neste trecho da mesma carta: "tenho feito tanta asneira e gasto tanto dinheiro à toa, que tenho medo de ir em dezembro à fazenda ajustar contas com o meu velho"[4]. Isto mostra bem que o poeta dispunha de dinheiro à vontade para gastar, e de tempo para gastá-lo. E que nada tinha a temer ou reclamar do pai, prova-o este

---

4. *In* "As primaveras", Introdução de Afrânio Peixoto, Departamento de Imprensa Nacional – Rio – 1952.

fato: mal acabava de escrever a carta citada, e outra chegava ao escritório dos seus patrões, autorizando a estes a entrega a Casimiro do dinheiro destinado ao livro... Mesmo assim, ainda se sentiu no direito de protestar (que fez em *postscriptum* à carta citada), pois desejava do pai uma autorização "franca, sem restrições", e ele queria que o filho – em troca da publicação do volume – cumprisse melhor "suas obrigações"...

O exame do texto da carta citada, e de outras parcialmente transcritas por Afrânio Peixoto em sua "Introdução", mostra em Casimiro certa amargura em relação ao pai, e ao mesmo tempo o desejo de ostentar sua condição de filho de pai rico. Estes aspectos da formação humana do poeta têm sua evidente explicação em sua condição de filho natural, como aliás o era, também, Gonçalves Dias. Estimando embora o pai (mais tarde, quis ser sepultado ao seu lado), não poderia evidentemente fugir à mágoa que lhe causava a sua condição de pai solteiro. Ao mesmo tempo, para ocultar seu nascimento irregular, tinha necessidade de falar sobre o pai a todo o mundo e em todas as cartas, bem ou mal... E precisava gastar bastante e dizer que era dinheiro vindo de casa, da fazenda do velho...

Bem menos conhecida é a atitude do poeta diante de sua mãe. Há quem veja em Casimiro um modelo de devoção filial (Sousa da Silveira não oculta, em nota às *Obras completas* do poeta, por ele comentadas, a impressão que lhe fez sentir o poema "Minha Mãe"). Há também quem afirme ter Casimiro recusado a visita de d. Luísa, mesmo ao pé do seu leito de morte.

Não tem o presente estudo, por objetivo, a biografia do poeta, que, na verdade, não teve ainda o seu biógrafo definitivo. Não deixarei, porém, de anotar um aspecto curioso da face literária do problema: a idéia de mãe, nos versos e na prosa de Casimiro, vem sempre relacionada com a de *pátria*, de *terra*, de *Brasil*, etc. Nunca, praticamente, ele se refere à palavra *mãe*, sem dizer logo alguma coisa que a ligue ao seu país de origem. Aliás, no citado poema "Minha Mãe", ele nos fala do "berço pendente dos ramos floridos", da "pátria formosa", etc. E, na penúltima estrofe, deixa escapar pensamentos que traduzem um protesto velado:

> Feliz o bom filho que pode contente
> Na casa paterna de noite e de dia
> Sentir as carícias do anjo de amores,
> Da estrela brilhante que a vida nos guia!
> – Uma mãe! –

Note-se uma singularidade: o poeta não se refere à *casa materna*. E note-se também que ele jamais esteve na situação daquele *bom filho*, que poderia sentir, na casa do seu pai, as carícias daquele "anjo de amores", que seria sua mãe. Ao que parece, aliás, seu pai e sua mãe jamais conviveram sob o mesmo teto, embora tivessem mais três filhas do mesmo leito.

O ressentimento de Casimiro em relação à sua mãe vislumbra-se – consciente ou não – através de seus versos e de sua prosa. E todavia a quem, se não a d. Luísa, deve Casimiro seu talento para a poesia, seu gosto pelas belas letras? Não foi por certo do pai comerciante, poupado, metódico e prosaico que o poeta herdou a flama que o levava a preferir uma página de Lamartine a qualquer moeda de cobre... Do sangue ardente de Luísa, que a levou desde quase recém-casada, à temerária aventura de um amor proibido, do seu coração generoso e de seus olhos cheios de imaginação, recebeu certamente o poeta as qualidades que o fizeram fracassar como o aprendiz de comerciante, mas que lhe adornaram a fronte com a aura da imortalidade.

Essa aura não a saboreou porém – como já ficou dito acima – o poeta. Realmente, quando, em fins de 1859, o seu livro foi publicado, apenas um crítico de prestígio – Justiniano José da Rocha – se pronunciou. E com facilidade de errar e ausência de senso divinatório – limitou-se a elogiar a atitude e o "talento de metrificação" (*sic*) do poeta, aceitando seus versos apenas "como um agouro ou uma promessa" e reservando novo e mais definitivo julgamento para quando Casimiro apresentasse "alguma composição de mais alento".

Recebeu ainda o autor de *As primaveras* a saudação, em verso descolorido, de alguns companheiros de boêmia literária, e nisso, ou em pouco mais, ficou o sucesso inicial de sua aventura. Nada poderia embaraçar, no entanto, a sobrevivência de tão autêntica e comovente voz da poesia e, poucos anos após sua morte – ocorrida em 13 de outubro de 1860 –, já era Casimiro um dos poetas mais lidos e editados entre os seus contemporâneos do Brasil e de Portugal.

Esse sucesso, e a amplitude da influência exercida por Casimiro na mentalidade literária do país, tornam sua poesia – aparentemente descuidada – credora de uma apreciação sob o aspecto formal e técnico. Na verdade, porém, o autor de *As primaveras* não contribuiu para a evolução da poética brasileira com qualquer inovação formal. Algumas palavras de circulação local e uma grande dose de ternura brasileira no trato dos temas do país, eis o que de mais importante lhe devemos. Quanto à arquitetura do verso, usou ele de todos os metros, de dissílabo ao hendecassílabo, com uma exceção curiosa: o octossílabo. Cumpre notar, ainda, que o poeta não armava estrofes de versos de três ou seis sílabas. Os trissílabos, usou-os entremeados com heptassílabos, em estrofes muito próprias da sua forma de expressão, como as da primeira "Canção do exílio" de *As primaveras*:

> Eu nasci além dos mares;
> Os meus lares,
> Meus amores ficam lá!
> – Onde canta nos retiros
> Seus suspiros
> Suspiros o sabiá.

Quanto aos versos de seis sílabas, vêm sempre entrosados com decassílabos, como na segunda "Canção do exílio":

> Se eu tenho de morrer na flor dos anos,
> Meu Deus! Não seja já;
> Eu quero ouvir na laranjeira, à tarde,
> Cantar o sabiá!

A metrificação de Casimiro já estava, inteiramente, contida na de seu mestre, Gonçalves Dias, que usara, aliás, o octossílabo. As experiências formais e as eventuais inovações delas decorrentes não eram, no entanto, a preocupação de Casimiro, que caminhava tranqüilamente por veredas abertas, praticando, com uma liberdade que ia além dos limites do barroco, os cometimentos líricos que assinalariam a sua presença na poesia brasileira da fase romântica. Por isso mesmo parece-me difícil encontrar o verdadeiro sentido da longa e meticulosa análise da poesia casimiriana, feita à base da métrica e da gramática, pelo sr. Sousa da Silveira. A versão de um Casimiro filólogo e esteta é inaceitável. Seus desvios são por demais acentuados e freqüentes para que a inexistente face austera do clássico se sobreponha ao rosto jovial do poeta boêmio, indiferente às minúcias da gramática e da métrica, escrevendo para acentuar o amor e a saudade da sua terra, e não para deliciar gramaticalmente os leitores mais eruditos.

E, já que me referi a desvios, permito-me, *data venia*, anotar alguns. Proliferam entre eles os de versos com falta de sílabas, como é o caso do verso *morta na flor dos anos*, de seis sílabas, integrante do poema heptassilábico "Rosa murcha". Manuel Bandeira, ao incluir "A valsa" na sua

Antologia dos poetas brasileiros da fase romântica, encontrou nesse famoso poema de versos dissilábicos um de uma só sílaba, que é a palavra Rosa, neste trecho:

> E estavas
> Tão pálida
> Então;
> Qual pálida
> Rosa
> Mimosa,
> No vale
> ....

Em nota ao pé da página, Manuel Bandeira apontou logo a justificativa de aparente anormalidade: a anterior palavra esdrúxula *pálida*, cuja última sílaba se desloca para o verso seguinte, pelo menos sob o ponto de vista rítmico. Assim, devemos ler:

> Qual páli-
> da Rosa
> Mimosa
> ....

Trata-se porém, no caso, de um monossilábico antecedido de palavra esdrúxula, não me parecendo correto estender o preceito – como o fez Sousa da Silveira – com caráter de regra geral, a todos os casos em que um verso grave preceda outro ao qual falte uma sílaba. O verso *morta na flor dos anos*, como tantos outros de *As primaveras*, é, a meu ver, com a devida licença, inapelavelmente irregular. Não se deve desprezar, porém, a hipótese de Casimiro – que conviveu sempre com portugueses – ter pronunciado assim o citado verso: *morta na felor dos anos*[5].

Em abono da hipótese da transposição das sílabas finais dos versos graves, Sousa da Silveira reuniu, em seus comentários às *Obras completas* de Casimiro, alguns exemplos valiosos, inclusive um, oferecido por Tomás Antônio Gonzaga, em cuja "Lira XXVI"[6], em vez de um verso de seis sílabas, há este, de cinco:

Nesta vil masmorra.

Contrariando a opinião de Rodrigues Lapa, para quem, na redação original de Gonzaga, o verso deveria ser diferente, contendo realmente seis sílabas, Sousa da Silveira admite esta solução, a expensas do verso anterior:

---

5. Há uma trova popular portuguesa que assim começa: "Fui ao jardim às flores / Colher um amor perfeito". O primeiro verso tem seis sílabas, mas os contadores resolvem o problema dizendo "Fui ao jardim às felores". Idêntico é o caso da trova assim iniciada: "Até nas próprias flores / Existe a boa e a má sorte". Há também quem cante: "Até entre as próprias flores". E no Brasil há – ou havia outrora – muitas moças tratadas por "Felô". Gustavo Barroso, em "Ao Som da Viola", registra estes versos: "Em cima daquela serra / Tem um pé de *fulô* preta". E registra também uma trova redondilha iniciada por este verso hexassílabo: "Um beija-flor me disse".

6. Lira XXVI, da 2ª Parte da edição de "Marília de Dirceu" da Livraria Martins (São Paulo, 1944), com prefácio de Afonso Arinos de Melo Franco.

Eu honro as leis do Império, ela me oprime
Nesta vil masmorra.

A meu ver, a razão está com Rodrigues Lapa. Em sua edição crítica das *Obras completas* de Gonzaga[7], o verso em apreço consta da "Lira XCIII", (pág. 122). Confira-se porém a "Lira LXXXVI" (pág. 108) que começa pelo mesmo verso, contendo este todavia as seis sílabas necessárias, graças a uma pequena diferença. O verso é este:

Nesta triste masmorra.

Aí está – creio – o verso que deve ter sido escrito por Dirceu, também na "Lira XCIII". Em vez de "vil masmorra", "triste masmorra".

Confrontando os versos irregulares de Casimiro e Gonzaga, Sousa da Silveira assim se expressa: "Outro poeta, Tomás Antônio Gonzaga, que Casimiro provavelmente leu"[8], etc. Não me parece justo responsabilizar o lírico inconfidente pelos tropeços métricos do autor de *As primaveras*. Menos justo me parece, todavia, sugerir que Casimiro poderia desconhecer Tomás Antônio Gonzaga. Este poeta já era bastante popular quando Casimiro era ainda um adolescente. A edição do *Parnaso brasileiro*, de J. M. Pereira da Silva, publicada no Rio em 1843, quando

---

7. Comp. Edit. Nacional, São Paulo, 1942.
8. "Obras completas de Casimiro de Abreu" – Cia. Editora Nacional – São Paulo – 1940 – pág. 87.

Casimiro tinha apenas quatro anos de idade, já continha nada menos de catorze liras de Gonzaga. Só a Cláudio Manuel da Costa o antologista dera maior importância. Aliás, a estima de Casimiro por Dirceu está mais do que provada nesta passagem do poema "Minha terra", escrito em Lisboa em 1856:

> Foi ali que n'outro tempo
> À sombra do cajazeiro
> Soltava seus doces carmes
> O Petrarca brasileiro;
> E a bela que o escutava
> Um sorriso deslizava
> Para o bardo que pulsava
> Seu alaúde fagueiro.
>
> Quando Dirceu e Marília
> Em terníssimos enleios
> Se beijavam com ternura
> Em celestes devaneios;
> Da selva o vate inspirado,
> O sabiá namorado,
> Na laranjeira pousado
> Soltava ternos gorjeios.

Casimiro de Abreu conhecia bem Tomás Antônio Gonzaga, como conhecia Lamartine, Musset, Gonçalves Dias e Camões, a despeito do que cometia erros de métrica e de acentuação, e nem por isso naufragou na obscuridade que devorou tantos outros poetas mais exatos. Sua sobrevivência é um salvo-conduto que o protege de qualquer crítica ou reexame. Seus defeitos são

– como as suas virtudes – parte integrante e irremovível da sua personalidade literária, que é o patrimônio da poesia brasileira e da literatura em língua portuguesa.

Assim é o autor de *As primaveras*, e certamente ninguém desejaria que ele fosse ou tivesse sido diferente. Mesmo porque, fosse ele outro, mais erudito ou mais austero, e teríamos então perdido o nosso tão terno, tão singelo e tão querido poeta Casimiro de Abreu...

Domingos Carvalho da Silva

NOTA À PRESENTE EDIÇÃO

O presente volume reproduz essa edição organizada, para a extinta Livraria Martins Editora, por Domingos Carvalho da Silva. Preservamos o estudo introdutório e todas as notas feitas por ele aos poemas, baseadas, inclusive no confronto com a primeira edição de *As primaveras* e com a de Souza da Silveira, tida como a mais remondável.

AS PRIMAVERAS

A
F. Otaviano

*São as flores das minhas primaveras
Rebentadas à sombra dos coqueiros.*

Teixeira de Melo – Sombras e sonhos

Um dia – além dos Órgãos, na poética Friburgo – isolado dos meus companheiros de estudo, tive saudades da casa paterna e chorei.

Era de tarde; o crepúsculo descia sobre a crista das montanhas e a natureza como que se recolhia para entoar o cântico da noite; as sombras estendiam-se pelo leito dos vales e o silêncio tornava mais solene a voz melancólica do cair das cachoeiras. Era a hora da *merenda* em nossa casa e pareceu-me ouvir o eco das risadas infantis de minha mana pequena! As lágrimas correram e fiz os primeiros versos da minha vida, que intitulei – *Às Ave-Marias*: – a saudade havia sido a minha musa.

Era um canto simples e natural como o dos passarinhos, e para possuí-lo hoje eu dera em troca este volume inútil, que nem conserva ao menos o sabor virginal daqueles prelúdios!

Depois, mais tarde, nas ribas pitorescas do Douro ou nas várzeas do Tejo, tive saudades do meu ninho das florestas e cantei; a nostalgia me apagava a vida e as veigas risonhas do Minho não tinham a beleza majestosa dos sertões.

Eu era entusiasta então e escrevia muito, porque me embalava à sombra duma esperança que nunca pude ver realizada. Numa hora de desalento rasguei muitas dessas páginas cândidas e quase que pedi o bálsamo da sepultura para as úlceras recentes do coração; é que as primeiras ilusões da vida, abertas de noite – caem pela manhã com as flores cheirosas das laranjeiras!

Flores e estrelas, murmúrios da terra e mistérios do céu, sonhos de virgem e risos de criança, tudo o que é belo e tudo que é grande, veio por seu turno debruçar-se sobre o espelho mágico da minha alma e aí estampar a sua imagem fugitiva. Se nessa coleção de imagens predomina o perfil gracioso duma virgem facilmente s'explica: – era a filha do céu que vinha vibrar o alaúde adormecido do pobre filho do sertão.

Rico ou pobre, contraditório ou não, este livro fez-se por si, naturalmente, sem esforço, e os cantos saíram conforme as circunstâncias e os lugares os iam despertando. Um dia a pasta, pejada de tanto papel, pedia que lhe desse um destino qualquer, e foi então que resolvi a publicação das – *Primaveras*; – depois separei muitos cantos sombrios, guardei outros que constituem o meu – livro íntimo – e, no fim de mudanças infinitas e caprichosas, pude ver o volume completo, e o entrego hoje sem receio e sem pretensões.

Todos aí acharão cantigas de criança, trovas de mancebo, e raríssimos lampejos de reflexão e de estudo: é o coração que se espraia sobre o eterno tema do amor e que soletra o seu poema misterioso ao luar melancólico das nossas noites.

Meu Deus! que se há de escrever aos vinte anos, quando a alma conserva ainda um pouco da crença e da virgindade do berço? Eu creio que sempre há tempo de sermos *homem sério*, e de preferirmos uma moeda de cobre a uma página de Lamartine.

Decerto, tudo isto são ensaios, a mocidade palpita, e na sede que a devora decepa os louros inda verdes e antes de tempo quer ajustar as cordas do instrumento, que só a madureza da idade e o trato dos mestres poderão temperar.

O filho dos trópicos deve escrever numa linguagem – propriamente sua – lânguida como ele, quente como o sol que o abrasa, grande e misteriosa como as suas matas seculares; o beijo apaixonado das Celutas deve inspirar epopéias como a dos – Timbiras – e acordar os Renés enfastiados do desalento que os mata. Até então, até seguirmos o vôo arrojado do poeta de – I-Juca-Pirama – nós, cantores novéis, somos as vozes secundárias que se perdem no conjunto duma grande orquestra; há o único mérito de não ficarmos calados.

Assim, as minhas – *Primaveras* – não passaram dum grande ramalhete das flores próprias da estação, – flores que o vento esfolhará amanhã, e que apenas valem como promessa dos frutos do outono.

Rio – 20 de Agosto – 1859.

CASIMIRO DE ABREU

A***

Falo a ti – doce virgem dos meus sonhos,
Visão dourada dum cismar tão puro,
Que sorrias por noite de vigília
Entre as rosas gentis do meu futuro.

Tu m'inspiraste, oh musa do silêncio,
Mimosa flor da lânguida saudade!
Por ti correu meu estro ardente e louco
Nos verdores febris da mocidade.

Tu vinhas pelas horas das tristezas
Sobre o meu ombro debruçar-te a medo.
A dizer-me baixinho mil cantigas,
Como vozes sutis dalgum segredo!

Por ti eu me embarquei, cantando e rindo,
– Marinheiro de amor – no batel curvo,
Rasgando afouto em hinos d'esperança
As ondas verde-azuis dum mar que é turvo.

Por ti corri sedento atrás da glória;
Por ti queimei-me cedo em seus fulgores;
Queria de harmonia encher-te a vida,
Palmas na fronte – no regaço flores!

Tu, que foste a vestal dos sonhos d'ouro,
O anjo-tutelar dos meus anelos,
Estende sobre mim as asas brancas...
Desenrola os anéis dos teus cabelos!

Muito gelo, meu Deus, crestou-me as galas!
Muito vento do sul varreu-me as flores!
Ai de mim – se o relento de teus risos
Não molhasse o jardim dos meus amores!

Não te esqueças de mim! Eu tenho o peito
De santas ilusões, de crenças cheio!
– Guarda os cantos do louco sertanejo
No leito virginal que tens no seio!

Podes ler o *meu livro*: – adoro a infância,
Deixo a esmola na enxerga do mendigo,
Creio em Deus, amo a pátria, e em noites lindas
Minh'alma – aberta em flor – sonha contigo.

Se entre as rosas das minhas – Primaveras –
Houver rosas gentis, de espinhos nuas:
Se o futuro atirar-me algumas palmas,[1]
As palmas do cantor – são todas tuas!

Agosto 20 – 1859.

---

1. A edição original não traz vírgula depois de *palmas*.

La vie du vulgarie n'est qu'un vagie et sourd murmure du coeur; la vie de l'homme sensible est un cri; la vie du poète est un chant!

LAMARTINE

LIVRO PRIMEIRO

Heureux ceux qui n'ont point vu la fumée des fêtes de l'étranger, et qui ne se sont assis qu'aux festins de leurs pères!

CHATEAUBRIAND

I

A CANÇÃO DO EXÍLIO

> *Oh! mon pays sera mes amours toujours.*
>
> CHATEAUBRIAND

Eu nasci além dos mares:
    Os meus lares,
Meus amores ficam lá!
– Onde canta nos retiros
    Seus suspiros,
Suspiros o sabiá!

Oh! que céu, que terra aquela,[1]
    Rica e bela
Como o céu de claro anil!
Que selva, que luz, que galas, →

---

1. Pusemos exclamação depois de *Oh*.

Não exalas,[2]
Não exalas, meu Brasil!

Oh! que saudades tamanhas
    Das montanhas,
Daqueles campos natais!
Daquele céu de safira
    Que se mira,
Que se mira nos cristais!

Não amo a terra do exílio,
    Sou bom filho,
Quero a pátria, o meu país,
Quero a terra das mangueiras
    E as palmeiras,
E as palmeiras tão gentis!

Como a ave dos palmares
    Pelos ares
Fugindo do caçador;
Eu vivo longe do ninho,
    Sem carinho,
Sem carinho e sem amor!

Debalde eu olho e procuro...
    Tudo escuro
Só vejo em roda de mim!
Falta a luz do lar paterno
    Doce e terno,
Doce e terno para mim.

---

2. Está sem vírgula.

Distante do solo amado
   – Desterrado –
A vida não é feliz.
Nessa eterna primavera
   Quem me dera,
Quem me dera o meu país!

Lisboa – 1855.

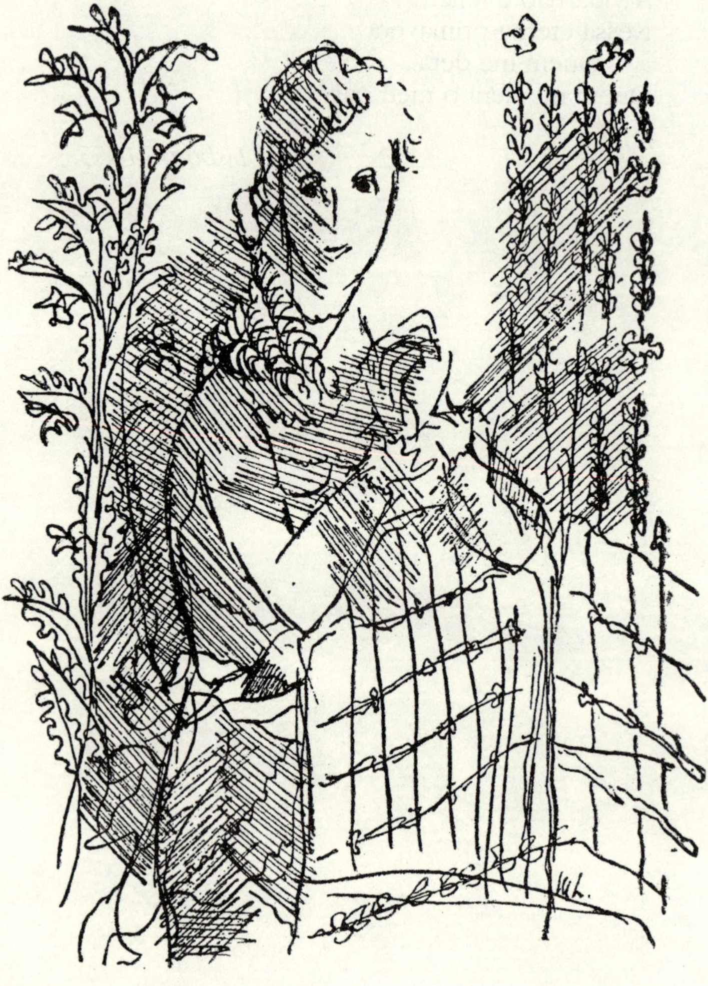

II

MINHA TERRA

> *Minha terra tem palmeiras*
> *Onde canta o sabiá.*
>
> G. Dias

Todos cantam sua terra,
Também vou cantar a minha,
Nas débeis cordas da lira
Hei de fazê-la rainha;
– Hei de dar-lhe a realeza
Nesse trono de beleza
Em que a mão da natureza
Esmerou-se enquanto tinha.

Correi pr'as bandas do sul:
Debaixo dum céu de anil
Encontrareis o gigante
Santa Cruz, hoje Brasil; →

– É uma terra de amores
Alcatifada de flores
Onde a brisa fala amores
Nas belas tardes de abril.

Tem tantas belezas, tantas,
A minha terra natal.
Que nem as sonha um poeta
E nem as canta um mortal!
– É uma terra encantada
– Mimoso jardim de fada –
Do mundo todo invejada,
Que o mundo não tem igual.

Não, não tem, que Deus fadou-a:
Dentre todas – a primeira:
Deu-lhe esses campos bordados,
Deu-lhe os leques da palmeira.
E a borboleta que adeja
Sobre as flores que ela beija,
Quando o vento rumoreja
Nas folhagens da mangueira.

É um país majestoso
Essa terra de Tupã,
Desde o Amazonas ao Prata,
Do Rio Grande ao Pará!
– Tem serranias gigantes
E tem bosques verdejantes
Que repetem incessantes
Os cantos do sabiá.

Ao lado da cachoeira,
Que se despenha fremente,
Dos galhos da sapucaia
Nas horas do sol ardente,
Sobre um solo d'açucenas,
Suspensa a rede de penas,
Ali nas tardes amenas
Se embala o índio indolente.

Foi ali que noutro tempo
À sombra do cajazeiro
Soltava seus doces carmes
O Petrarca brasileiro;
E a bela que o escutava
Um sorriso deslizava
Para o bardo que pulsava
Seu alaúde fagueiro.

Quando Dirceu e Marília
Em terníssimos enleios
Se beijavam com ternura
Em celestes devaneios;
Da selva o vate inspirado,
O sabiá namorado,
Na laranjeira pousado
Soltava ternos gorjeios.

Foi ali, foi no Ipiranga,
Que com toda a majestade
Rompeu de lábios augustos
O brado da liberdade;
Aquela voz soberana
Voou na plaga indiana →

Desde o palácio à choupana,
Desde a floresta à cidade!

Um povo ergueu-se cantando
— Mancebos e anciãos —
E, filhos da mesma terra,
Alegres deram-se as mãos:
Foi belo ver esse povo
Em suas glórias tão novo,
Bradando cheio de fogo:
— Portugal! somos irmãos!

Quando nasci, esse brado
Já não soava na serra
Nem os ecos da montanha
Ao longe diziam — guerra!
Mas não sei o que sentia
Quando, a sós, eu repetia
Cheio de nobre ousadia
O nome da minha terra!

Se brasileiro eu nasci
Brasileiro hei de morrer,
Que um filho daquelas matas
Ama o céu que o viu nascer;
Chora, sim, porque tem prantos,
E são sentidos e santos
Se chora pelos encantos
Que nunca mais há de ver.

Chora, sim, como suspiro
Por esses campos que eu amo,
Pelas mangueiras copadas →

E o canto do gaturamo;
Pelo rio caudaloso,
Pelo prado tão relvoso,
E pelo tiê formoso
Da goiabeira no ramo!

Quis cantar a minha terra,
Mas não pode mais a lira;
Que outro filho das montanhas
O mesmo canto desfira,
Que o proscrito, o desterrado,
De ternos prantos banhados,
De saudades torturado,
Em vez de cantar – suspira!

Tem tantas belezas, tantas,
A minha terra natal,
Que nem as sonha um poeta
E nem as canta um mortal!
– É uma terra de amores
Alcatifada de flores
Onde a brisa em seus rumores
Murmura: – não tem rival!

Lisboa – 1856.

III

SAUDADES

Nas horas mortas da noite
Como é doce o meditar
Quando as estrelas cintilam
Nas ondas quietas do mar;
Quando a lua majestosa
Surgindo linda e formosa,
Como donzela vaidosa
Nas águas se vai mirar!

Nessas horas de silêncio,
De tristezas e de amor,
Eu gosto de ouvir ao longe,
Cheio de mágoa e de dor,
O sino do campanário
Que fala tão solitário
Com esse som mortuário
Que nos enche de pavor.

Então – proscrito e sozinho –
Eu solto aos ecos da serra
Suspiros dessa saudade
Que no meu peito se encerra.
Esses prantos de amargores
São prantos cheios de dores:
– Saudades – dos meus amores,
– Saudades da minha terra!

IV

CANÇÃO DO EXÍLIO[1]

Se eu tenho de morrer na flor dos anos,
    Meu Deus! não seja já;
Eu quero ouvir na laranjeira, à tarde,
    Cantar o sabiá!

———

Meu Deus, eu sinto e tu bem vês que eu morro
    Respirando este ar;
Faz que eu viva, Senhor! dá-me de novo
    Os gozos do meu lar!

O país estrangeiro mais belezas
    Do que a pátria não tem;[2] →

---

1. Nas edições Garnier tem o título de "Meu lar".
2. Depois de *pátria* há vírgula, que suprimimos.

E este mundo não vale um só dos beijos
    Tão doces duma mãe!

Dá-me os sítios gentis onde eu brincava
    Lá na quadra infantil;
Dá que eu veja uma vez o céu da pátria,
    O céu do meu Brasil!

Se eu tenha de morrer na flor dos anos,
    Meu Deus! não seja já!
Eu quero ouvir na laranjeira, à tarde,
    Cantar o sabiá!

———

Quero ver esse céu da minha terra
    Tão lindo e tão azul!
E a nuvem cor de rosa que passava
    Correndo lá do sul!

Quero dormir à sombra dos coqueiros,
    As folhas por dossel;
E ver se apanho a borboleta branca,
    Que voa no vergel!

Quero sentar-me à beira do riacho
    Das tardes ao cair,
E sozinho cismando no crepúsculo
    Os sonhos do porvir!

Se eu tenho de morrer na flor dos anos,
    Meu Deus! não seja já;
Eu quero ouvir na laranjeira, à tarde,
    A voz do sabiá!

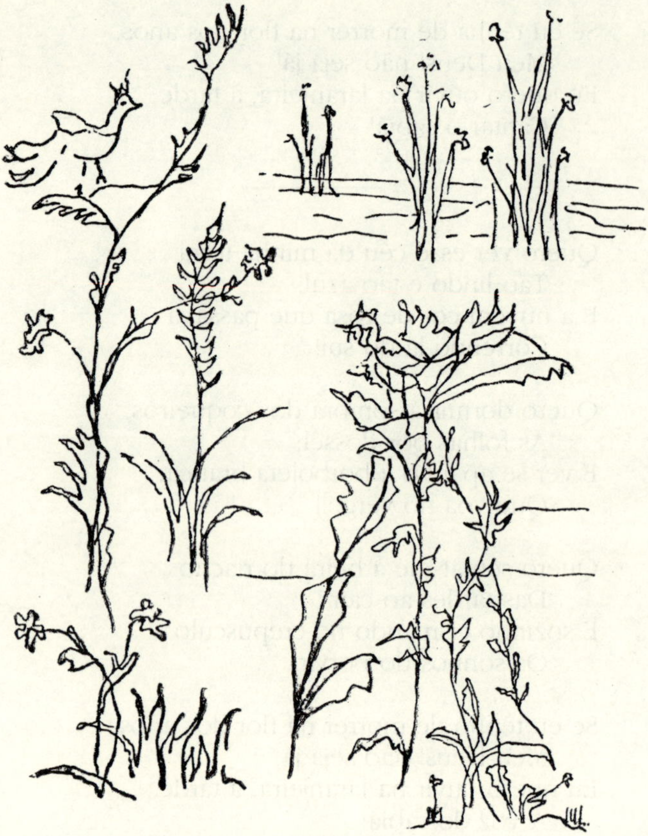

Quero morrer cercado dos perfumes
  Dum clima tropical,
E sentir, expirando, as harmonias
  Do meu berço natal!

Minha campa será entre as mangueiras,[3]
  Banhada do luar,
E eu contente dormirei tranqüilo
  À sombra do meu lar!

As cachoeiras chorarão sentidas
  Porque cedo morri,
E eu sonho no sepulcro os meus amores
  Na terra onde nasci!

Se eu tenho de morrer na flor dos anos,
  Meu Deus! não seja já;
Eu quero ouvir na laranjeira, à tarde,
  Cantar o sabiá!

Lisboa – 1857.

---

3. Acrescentamos a vírgula no final do verso.

V

MINHA MÃE

Oh l'amour d'une mère! – amour que nul n'oublie!

V. Hugo

Da pátria formosa distante e saudoso,
Chorando e gemendo meus cantos de dor,
Eu guardo no peito a imagem querida
Do mais verdadeiro, do mais santo amor:
    – Minha Mãe –

Nas horas caladas das noites d'estio
Sentado sozinho co'a face na mão,
Eu choro e soluço por quem me chamava
– "Oh filho querido do meu coração!" –
    – Minha Mãe –

No berço, pendente dos ramos floridos,[1]
Em que eu pequenino feliz dormitava: →

---

1. Pusemos a vírgula no final do verso.

Quem é que esse berço com todo o cuidado
Cantando cantigas alegre embalava?
– Minha Mãe –

De noite, alta noite, quando eu já dormia
Sonhando esses sonhos dos anjos dos céus,
Quem é que meus lábios dormentes roçava,
Qual anjo da guarda, qual sopro de Deus?
– Minha Mãe –

Feliz o bom filho que pode contente
Na casa paterna de noite e de dia
Sentir as carícias do anjo de amores,
Da estrela brilhante que a vida nos guia!
– Minha Mãe –

Por isso eu agora na terra do exílio,
Sentado sozinho co'a face na mão,
Suspiro e soluço por quem me chamava:
– "Oh filho querido do meu coração!" –
– Minha Mãe –

Lisboa – 1855.

VI

ROSA MURCHA

Esta rosa desbotada
Já tantas vezes beijada,
Pálido emblema de amor;
É uma folha caída
Do livro da minha vida,
Um canto imenso de dor!

Há que tempos! Bem me lembro...
Foi um dia de Novembro:
Deixava a terra natal,
A minha pátria tão cara,
O meu lindo Guanabara,
Em busca de Portugal.

Na hora da despedida
Tão cruel e tão sentida
P'ra quem sai do lar fagueiro; →

Duma lágrima orvalhada,
Esta rosa foi-me dada
Ao som dum beijo primeiro.

Deixava a pátria, é verdade,
Ia morrer de saudade
Noutros climas, noutras plagas;
Mas tinha orações ferventes
Duns lábios inda inocentes
Enquanto cortasse as vagas.

E hoje, e hoje, meu Deus?!
— Hei de ir junto aos mausoléus
No fundo dos cemitérios,
E ao baço clarão da lua
Da campa na pedra nua
Interrogar os mistérios!

Carpir o lírio pendido
Pelo vento desabrido...
Da divindade aos arcanos
Dobrando a fronte saudosa,
Chorar a virgem formosa
Morta na flor dos anos!

Era um anjo! Foi p'ro céu
Envolta em místico véu
Nas asas dum querubim;
Já dorme o sono profundo,
E despediu-se do mundo
Pensando talvez em mim!
....

Oh! esta flor desbotada,
Já tantas vezes beijada,
Que de mistérios não tem!
Em troca do seu perfume
Quanta saudade resume
E quantos prantos também!

Lisboa – 1855.

VII

JURITI

Na minha terra, no bulir do mato,
    A juriti suspira;
E como o arrulo dos gentis amores,
São os meus cantos de secretas dores
    No chorar da lira.

De tarde a pomba vem gemer sentida
    À beira do caminho;
– Talvez perdida na floresta ingente –
A triste geme nessa voz plangente
    Saudades do seu ninho.

Sou como a pomba e como as vozes dela
    É triste o meu cantar;
– Flor dos trópicos – cá na Europa fria
Eu definho, chorando noite e dia
    Saudades do meu lar.

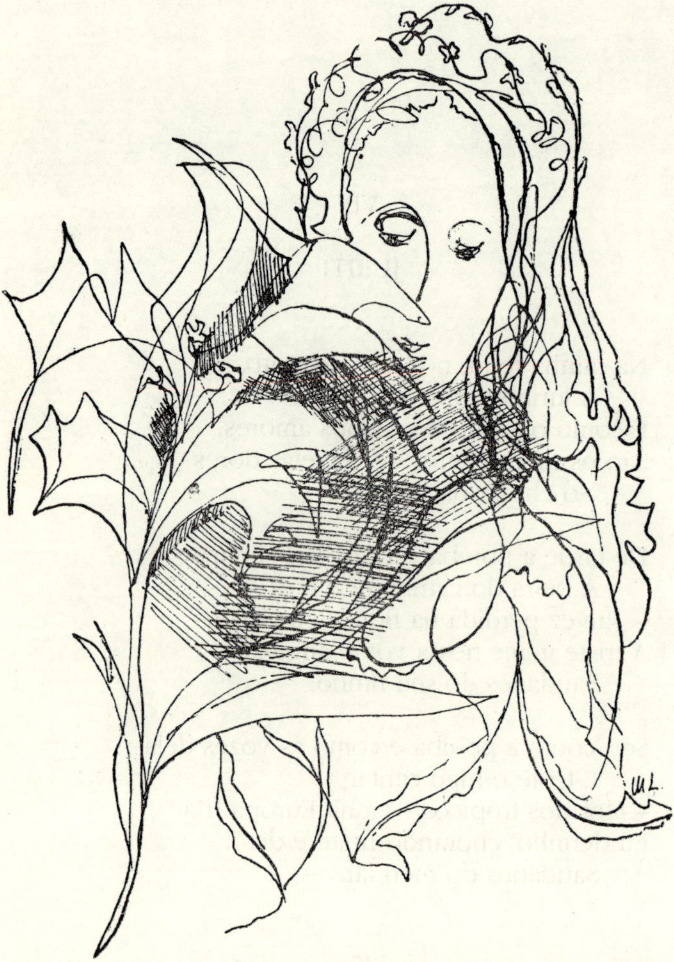

A juriti suspira sobre as folhas secas
    Seu canto de saudade;
Hino de angústia, férvido lamento,
Um poema de amor e sentimento,
    Um grito d'orfandade!

Depois... o caçador chega cantando
    À pomba faz o tiro...
A bala acerta e ela cai de bruços,
E a voz lhe morre nos gentis soluços,
    No final suspiro.

E como o caçador, a morte em breve
    Levar-me-á consigo;
E descuidado, no sorrir da vida,
Irei sozinho, a voz desfalecida,
    Dormir no meu jazigo.

E – morta – a pomba nunca mais suspira
    À beira do caminho;
E como a juriti, – longe dos lares –
Nunca mais chorarei nos meus cantares
    Saudades do meu ninho!

Lisboa – 1857.

VIII

MEUS OITO ANOS

Oh! souvenirs! printemps! aurores!

V. Hugo

Oh! que saudades que tenho
Da aurora da minha vida,
Da minha infância querida
Que os anos não trazem mais!
Que amor, que sonhos, que flores,
Naquelas tardes fagueiras
À sombra das bananeiras,
Debaixo dos laranjais!

Como são belos os dias
Do despontar da existência!
– Respira a alma inocência
Como perfumes a flor;
O mar é – lago sereno, →

O céu – um manto azulado,
O mundo – um sonho dourado,
A vida – um hino d'amor!

Que auroras, que sol, que vida,
Que noites de melodia
Naquela doce alegria,
Naquele ingênuo folgar!
O céu bordado d'estrelas,
A terra de aromas cheia,
As ondas beijando a areia
E a lua beijando o mar!

Oh! dias da minha infância!
Oh! meu céu de primavera!
Que doce a vida não era
Nessa risonha manhã!
Em vez das mágoas de agora,
Eu tinha nessas delícias
De minha mãe as carícias
E beijos de minha irmã!

Livre filho das montanhas,
Eu ia bem satisfeito,
Da camisa aberto o peito,
– Pés descalços, braços nus –
Correndo pelas campinas
À roda das cachoeiras,
Atrás das asas ligeiras
Das borboletas azuis!

Naqueles tempos ditosos
Ia colher as pitangas,
Trepava a tirar as mangas, →

Brincava à beira do mar;
Rezava às Ave-Marias,
Achava o céu sempre lindo,
Adormecia sorrindo
E despertava a cantar!

....

Oh! que saudades que tenho
Da aurora da minha vida,
Da minha infância querida
Que os anos não trazem mais!
– Que amor, que sonhos, que flores,
Naquelas tardes fagueiras
À sombra das bananeiras,
Debaixo dos laranjais!

Lisboa – 1857.

IX

NO ÁLBUM DE J. C. M.

Nestas folhas perfumadas
Pelas rosas desfolhadas
Desses cantos de amizade,
Permite que venha agora
Quem longe da pátria chora
Bem triste gravar: – saudade!

Lisboa.

X

NO LAR

Terra da minha pátria, abre-me o seio
Na morte – ao menos ....

GARRETT

I

Longe da pátria, sob um céu diverso
Onde o sol como aqui tanto não arde,
Chorei saudades do meu lar querido
– Ave sem ninho que suspira à tarde. –

No mar – de noite – solitário e triste
Fitando os lumes que no céu tremiam,
Ávido e louco nos meus sonhos d'alma
Folguei nos campos que meus olhos viam.

Era pátria e família e vida e tudo,
Glória, amores, mocidade e crença, →

E, todo em choros, vim beijar as praias
Por que chorara nessa longa ausência.[1]

Eis-me na pátria, no país das flores,
– O filho pródigo a seus lares volve,
E consertando as suas vestes rotas,
O seu passado com prazer revolve! –

Eis meu lar, minha casa, meus amores,
A terra onde nasci, meu teto amigo,
A gruta, a sombra, a solidão, o rio
Onde o amor me nasceu – cresceu comigo.

Os mesmos campos que eu deixei criança,
Árvores novas... tanta flor no prado!...
Oh! como és linda, minha terra d'alma,
– Noiva enfeitada para o seu noivado! –

Foi aqui, foi ali, além... mais longe,
Que eu sentei-me a chorar no fim do dia;
– Lá vejo o atalho que vai dar na várzea...
Lá o barranco por onde eu subia!...

Acho agora mais seca a cachoeira
Onde banhei-me no infantil cansaço...
– Como está velho o laranjal tamanho
Onde eu caçava o sanhaçu a laço!...

Como eu me lembro dos meus dias puros!
Nada me esquece!... e esquecer quem há de?... →

---

1. Está *porque*.

– Cada pedra que eu palpo, ou tronco, ou folha
Fala-me ainda dessa doce idade!

Eu me remoço recordando a infância,
E tanto a vida me palpita agora
Que eu dera oh! Deus! a mocidade inteira
Por um só dia do viver d'outrora!

E a casa?... as salas, estes móveis... tudo,
O crucifixo pendurado ao muro...
O quarto do oratório... a sala grande
Onde eu temia penetrar no escuro!...

E ali... naquele canto... o berço armado!
E minha mana, tão gentil, dormindo!
E mamãe a contar-me histórias lindas
Quando eu chorava e a beijava rindo!

Oh! primavera! oh! minha mãe querida!
Oh! mana! – anjinho que eu amei com ânsia –
Vinde ver-me, em soluços – de joelhos –
Beijando em choros este pó da infância!

II

Meu Deus! eu chorei tanto lá no exílio!
Tanta dor me corou a voz sentida,
Que agora neste gozo de proscrito
Chora minh'alma e me sucumbe a vida!

Quero amor! quero vida! e longa e bela
Que eu, Senhor! não vivi – dormi apenas! →

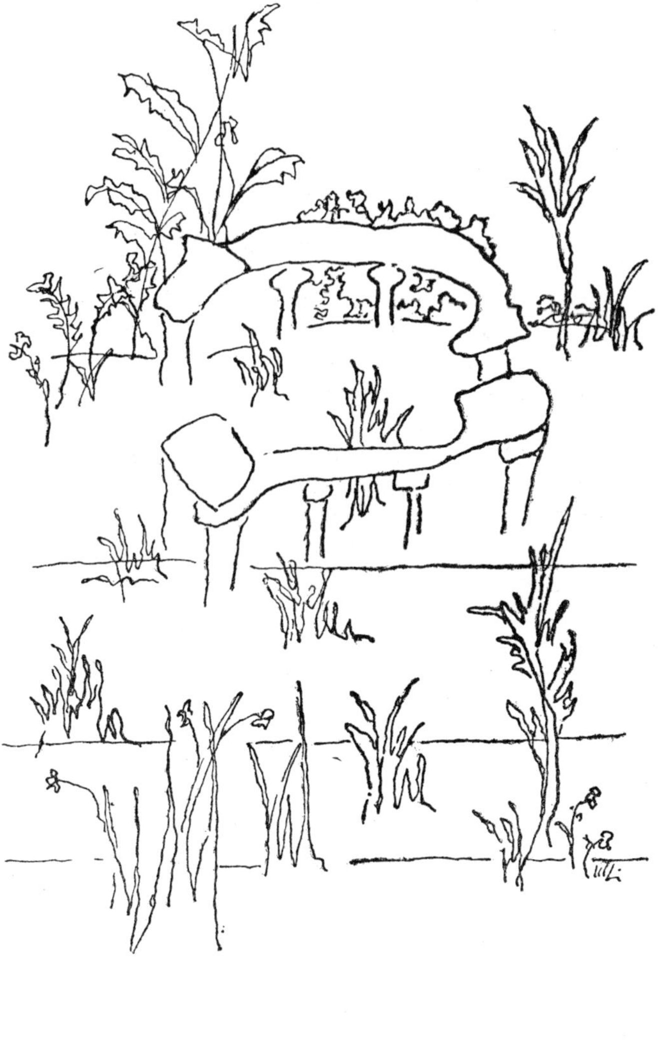

Minh'alma que se expande e se entumece
Despe o seu luto nas canções amenas.

Que sede que eu sentia nessas noites!
Quanto beijo roçou-me os lábios quentes!
E, pálido, acordava no meu leito
– Sozinho – e órfão das visões ardentes!

Quero amor! quero vida! aqui, na sombra,
No silêncio e na voz desta natura;
– Da primavera de minh'alma os cantos
Caso co'as flores da estação mais pura.

Quero amor! quero vida! os lábios ardem...
Preciso as dores dum sentir profundo!
– Sôfrego a taça esgotarei dum trago
Embora a morte vá topar no fundo.

Quero amor! quero vida! Um rosto virgem,
– Alma de arcanjo que me fale amores,
Que ria e chore, que suspire e gema
E doure a vida sobre um chão de flores.

Quero amor! quero amor! – Uns dedos brancos
Que passem a brincar nos meus cabelos;
Rosto lindo de fada vaporosa
Que dê-me vida e que me mate em zelos!

Oh! céu de minha terra – azul sem mancha –
Oh! sol de fogo que me queima a fronte,
Nuvens douradas que correis no ocaso,
Névoas da tarde que cobris o monte;

Perfumes da floresta, vozes doces,
Mansa lagoa que o luar prateia, →

Claros riachos, cachoeiras altas,
Ondas tranqüilas que morreis na areia;

Aves dos bosques, brisas das montanhas,
Bentevis do campo, sabiás da praia,
– Cantai, correi, brilhai – minh'alma em ânsias
Treme de gozo e de prazer desmaia!

Flores, perfumes, solidões, gorjeios,
Amor, ternura – modulai-me a lira!
– Seja um poema este ferver de idéias
Que a mente cala e o coração suspira.

Oh! mocidade! bem te sinto e vejo!
De amor e vida me transborda o peito...
– Basta-me um ano!... e depois... na sombra...
Onde tive o berço quero ter meu leito!

Eu canto, eu choro, eu rio, e grato e louco
Nos pobres hinos te bendigo, oh! Deus!
Deste-me os gozos do meu lar querido...
Bendito sejas! – vou viver c'os meus!

Indaiaçu – 1857.

XI

BRASILIANAS

MORENINHA

Moreninha Moreninha,
Tu és do campo a rainha,
Tu és senhora de mim;
Tu matas todos d'amores,
Faceira, vendendo as flores
Que colhes no teu jardim.

Quando tu passas n'aldeia
Diz o povo à boca cheia:
– "Mulher mais linda não há!
"Ai! vejam como é bonita
"Co'as tranças presas na fita,
"Co'as flores no samburá!" –[1]

---

1. Fechamos aspas.

Tu és meiga, és inocente
Como a rola que contente
Voa e folga no rosal;
Envolta nas simples galas,
Na voz, no riso, nas falas,
Morena – não tens rival!

Tu, ontem, vinhas do monte
E paraste ao pé da fonte
À fresca sombra do til;
Regando as flores sozinha,
Nem tu sabes, Moreninha,
O quanto achei-te gentil!

Depois segui-te calado
Como o pássaro esfaimado
Vai seguindo a juriti;
Mas tão pura ias brincando,
Pelas pedrinhas saltando,
Que eu tive pena de ti!

E disse então: – Moreninha,
Se um dia tu fores minha,
Que amor, que amor não terás!
Eu dou-te noites de rosas
Cantando canções formosas
Ao som dos meus ternos ais.

Morena, minha sereia,
Tu és a rosa da aldeia,
Mulher mais linda não há;
Ninguém t'iguala ou t'imita →

Co'as tranças presas na fita,
Co'as flores no samburá!

Tu és a deusa da praça,
E todo homem que passa
Apenas viu-te... parou!
Segue depois seu caminho
Mas vai calado e sozinho
Porque sua alma ficou![2]

Tu és bela, Moreninha,
Sentada em tua banquinha
Cercada de todos nós;
Rufando alegre o pandeiro,
Como a ave no espinheiro
Tu soltas também a voz:

– "Oh quem me compra estas flores?
"São lindas como os amores,
"Tão belas não há assim;
"Foram banhadas de orvalho,
"São flores do meu serralho,
"Colhi-as no meu jardim." –

Morena, minha Morena,
És bela, mas não tens pena
De quem morre de paixão!
– Tu vendes flores singelas
E guardas as flores belas,
As rosas do coração?!...

---

2. Está *por que*.

Moreninha, Moreninha,
Tu és das belas rainha,
Mas nos amores és má;
– Como tu ficas bonita
Co'as tranças presas na fita,
Co'as flores no samburá!

Eu disse então: – "Meus amores,
"Deixa mirar tuas flores,
"Deixa perfumes sentir!"
Mas naquele doce enleio,
Em vez das flores, no seio,
No seio te fui bulir!

Como nuvem desmaiada
Se tinge de madrugada
Ao doce albor da manhã;
Assim ficaste, querida,
A face em pejo acendida,
Vermelha como a romã!

Tu fugiste, feiticeira,
E de certo mais ligeira
Qualquer gazela não é;
Tu ias de saia curta...
Saltando a moita de murta
Mostraste, mostraste o pé!

Ai! Morena, ai! meu amores,
Eu quero comprar-te as flores,
Mas dá-me um beijo também;
Que importam rosas do prado →

Sem o sorriso engraçado
Que a tua boquinha tem?...

Apenas vi-te, sereia,
Chamei-te – rosa da aldeia –
Como mais linda não há.
– Jesus! Como eras bonita
Co'as tranças presas na fita,
Co'as flores no samburá!

Indaiaçu – 1857.

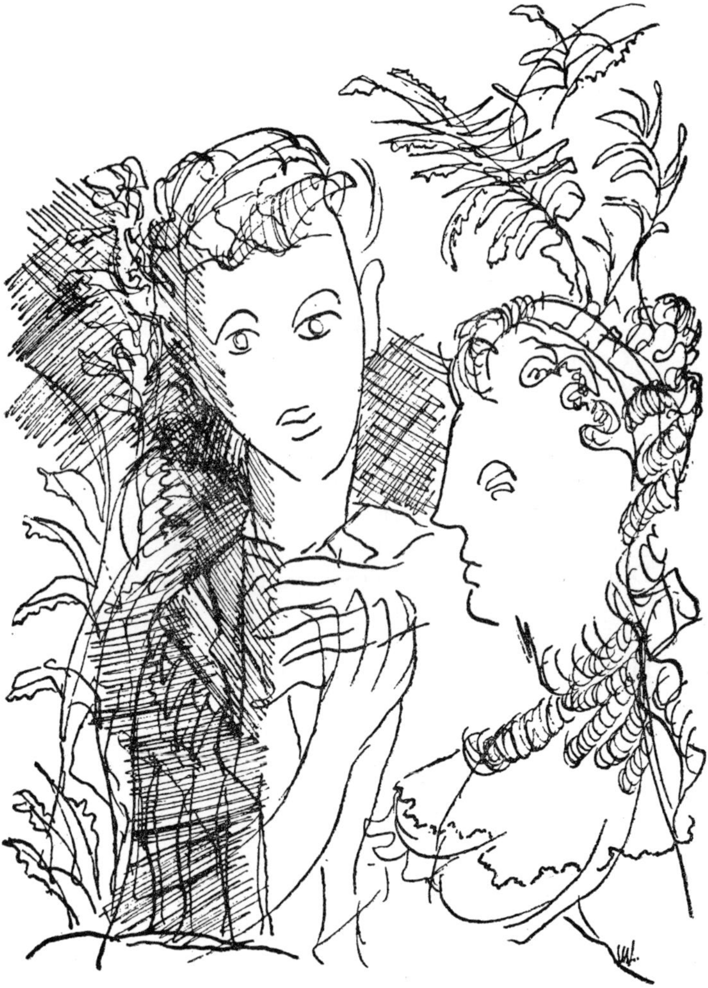

XII

NA REDE

Nas horas ardentes do pino do dia
    Aos bosques corri;
E qual linda imagem dos castos amores,
Dormindo e sonhando cercada de flores
    Nos bosques a vi!

Dormia deitada na rede de penas
    – O céu por dossel,
De leve embalada no quieto balanço
Qual nauta cismando num lago bem manso
    Num leve batel!

Dormia e sonhava – no rosto serena
    Qual um serafim;
Os cílios pendidos nos olhos tão belos,
E a brisa brincando nos soltos cabelos
    De fino cetim!

Dormia e sonhava – formosa embebida
    No doce sonhar,
E doce e sereno num mágico anseio
Debaixo das roupas batia-lhe o seio
    No seu palpitar!

Dormia e sonhava – a boca entreaberta,[1]
    O lábio a sorrir;
No peito cruzados os braços dormentes,
Compridos e lisos quais brancas serpentes
    No colo a dormir!

Dormia e sonhava – no sonho de amores
    Chamava por mim,
E a voz suspirosa nos lábios morria
Tão terna e tão meiga qual vaga harmonia
    De algum bandolim!

Dormia e sonhava – de manso cheguei-me
    Sem leve rumor;
Pendi-me tremendo e qual fraco vagido,
Qual sopro da brisa, baixinho ao ouvido
    Falei-lhe de amor!

Ao hálito ardente o peito palpita...
    Mas sem despertar;
E como nas ânsias dum sonho que é lindo,
A virgem na rede corando e sorrindo...
    Beijou-me – a sonhar!

Junho – 1858.

---

1. Sem vírgula, na edição original.

XIII

A VOZ DO RIO

NUM ÁLBUM

Nosso sol é de fogo, o campo é verde,
O mar é manso, nosso céu azul!
– Ai! por que deixas este pátrio ninho[1]
Pelas friezas dos vergéis do sul?

Lá nessa terra onde o Guaíba chora
Não são as noites, como aqui, formosas
E as duras asas do Pampeiro iroso
Quebra as tulipas e desfolha as rosas.

A lua é doce, nosso mar tranqüilo,
Mais leve a brisa, nosso céu azul!...
– Tupá! quem troca pelo pátrio ninho
As ventanias dos vergéis do sul?!

---

1. Está *porque*.

Lá novos campos outros campos ligam
E a vista fraca na extensão se perde!
E tu sozinha viverás no exílio
– Garça perdida nesse mar que é verde! –

Nossas campinas como doces noivas
Vivem c'os montes sob o céu azul!
– Há vida e amores neste pátrio ninho
Mais rico e belo que os vergéis do sul!

Essas palmeiras não têm tantos leques,[2]
O sol das Pampas mareou seu brilho,
Nem cresce o tronco que susteve um dia
O berço lindo em que dormiu teu filho!

Nossas florestas sacudindo os galhos
Tocam c'os braços este céu azul!...
– Se tudo é grande neste pátrio ninho
Por que deixá-lo p'ra viver no sul?!

Embora digas: – essa terra fria
Merece amores, é irmã da minha –
Quem dar-te pode este calor do ninho,
A luz suave que o teu berço tinha?!

Eu – Guanabara – no meu longo espelho
Reflito as nuvens deste céu azul;
– Ó minha filha! acalentei-te o sono,
Por que me deixas p'ra viver no sul?!...[3]

---

2. Está *tem*, sem circunflexo.
3. Está *porque*.

Lá, quando a terra s'embuçar nas sombras
E o sol medroso s'esconder nas águas,
Teu pensamento, como o sol que morre,
Há de cismando mergulhar-se em mágoas!

Mas se forçoso t'é deixar a pátria
Pelas friezas dos vergéis do sul,
Ó minha filha! não t'esqueças nunca
Destas montanhas, deste céu azul.

Tupá bondoso te derrame graças,
Doce ventura te bafeje e siga,
E nos meus braços – ao voltar do exílio –
Saudando o berço que teu lábio diga:

"Volvo contente para o pátrio ninho,
"Deixei sorrindo esses vergéis do sul;
"Tinha saudades deste sol de fogo...
"Não deixo mais este meu céu azul!..."[4]

Rio – 1858.

---

4. Fechamos aspas.

XIV

SETE DE SETEMBRO

A D. PEDRO II

I

Foi um dia de glória! – O povo altivo
Trocou sorrindo as vozes de cativo
    Pelo cantar das festas!
O leão indomável do deserto
Bramiu soberbo, dos grilhões liberto,
    No meio das florestas!

Lá no Ipiranga do Brasil o Marte
Enrolado nas dobras do estandarte
    Erguia o augusto porte;
Cercada a fronte dos lauréis da glória
Soltou tremendo o brado da vitória:
    – Independência ou morte!

O santo amor dos corações ardentes
Achou eco no peito dos valentes
    No campo e na cidade;
E nos salões – do pescador nos lares,
Livres soaram hinos populares
    À voz da liberdade!

Anos correram; – no torrão fecundo
Ao sol de fogo deste novo-mundo
    A semente brotou;
E franca e leda, a geração nascente
À copa altiva da árvore frondente
    Segura se abrigou!

À roda da bandeira sacrossanta[1]
Um povo esperançoso se levanta
    Infante e a sorrir!
A nação do letargo se desperta,
E – livre – marcha pela estrada aberta
    Às glórias do porvir!

O país, n'alegria todo imerso,
Velava atento à roda só dum berço
    Era o vosso, Senhor!
Vós do tronco feliz doce renovo,
Vede agora, Senhor, na voz do povo
    Quão grande é seu amor!

Rio – 1858.

---

1. Está *A*, sem crase.

XV

CÂNTICOS

POESIA E AMOR

A tarde que expira,
A flor que suspira,
O canto da lira,
Da lua o clarão;
Dos mares na raia
A luz que desmaia,
E as ondas na praia
Lambendo-lhe o chão;

Da noite a harmonia
Melhor que a do dia,
E a viva ardentia
Das águas do mar;
A virgem incauta,
As vozes da flauta, →

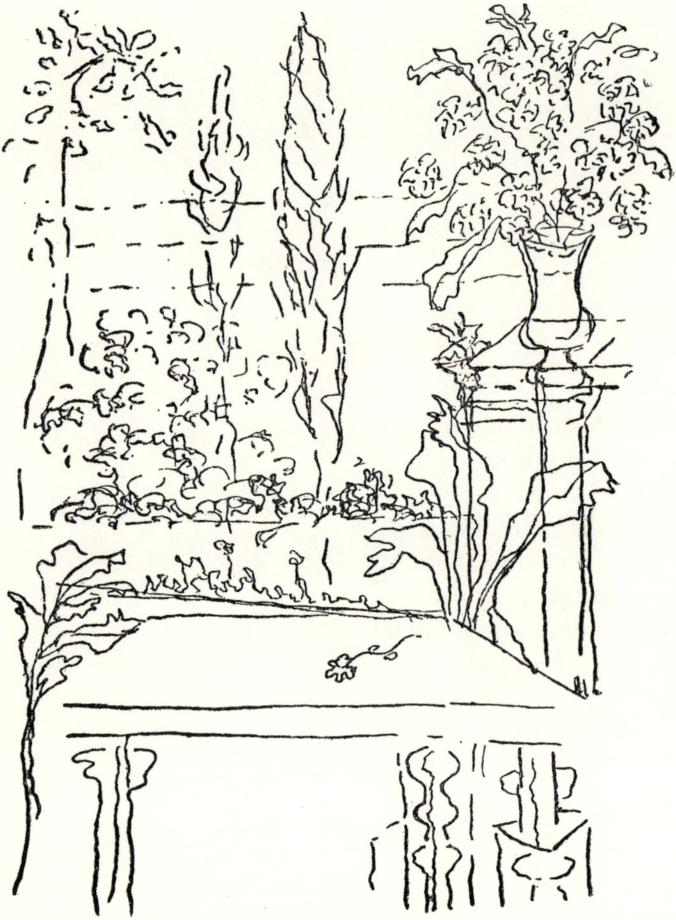

E o canto do nauta
Chorando o seu lar;

Os trêmulos lumes,
Da fonte os queixumes,
E os meigos perfumes
Que solta o vergel;
As noites brilhantes,
E os doces instantes
Dos noivos amantes
Na lua-de-mel;

Do templo nas naves
As notas suaves,
E o trino das aves
Saudando o arrebol;
As tardes estivas,
E as rosas lascivas
Erguendo-se altivas
Aos raios do sol;

A gota de orvalho
Tremendo no galho
Do velho carvalho,
Nas folhas do ingá;
O bater do seio,
Dos bosques no meio
O doce gorjeio
Dalgum sabiá;

A órfã que chora,
A flor que se cora →

As primaveras

Aos raios da aurora,
No albor da manhã;
Os sonhos eternos,
Os gozos mais ternos,
Os beijos maternos
E as vozes de irmã;

O sino da torre
Carpindo quem morre,
E o rio que corre
Banhando o chorão;
O triste que vela
Cantando à donzela
A trova singela
Do seu coração;

A luz da alvorada,
E a nuvem dourada
Qual berço de fada
Num céu todo azul;
No lago e nos brejos
Os férvidos beijos
E os loucos bafejos
Das brisas do sul;

Toda essa ternura
Que a rica natura
Soletra e murmura
Nos hálitos seus,
Da terra os encantos,
Da noites os prantos,
São hinos, são cantos
Que sobem a Deus!

Os trêmulos lumes,
Da veiga os perfumes,
Da fonte os queixumes,
Dos prados a flor,
Do mar a ardentia,
Da noite a harmonia,
Tudo isso é – poesia!
Tudo isso é – amor!

Indaiaçu – 1857.

XVI

ORAÇÕES

A***

A alma, como o incenso, ao céu s'eleva
Da férvida oração nas asas puras,
E Deus recebe como um longo hosana
O cântico de amor, das criaturas.

Do trono d'ouro, que circundam anjos
Sorrindo ao mundo a Virgem-Mãe s'inclina
Ouvindo as vozes d'inocência bela
Dos lábios virginais duma menina.

Da tarde morta o murmurar se cala
Ante a prece infantil, que sobe e voa
Fresca e serena qual perfume doce
Das frescas rosas de gentil coroa.

As doces falas de tua alma santa
Valem mais do que eu valho, oh! querubim![1]
Quando rezares por teu mano, à noite,
Não t'esqueças – também reza por mim![2]

Rio – 1858.

---

1. Na edição original não há vírgula depois de *valho*.
2. O travessão vem depois de *também*, e não antes, como deixamos.

XVII

BÁLSAMO

Eu vi-a lacrimosa sobre as pedras
Rojar-se essa mulher que a dor ferira!
A morte lhe roubara dum só golpe
Marido e filho, encaneceu-lhe a fronte,
E deixou-a sozinha e desgrenhada
– Estátua da aflição aos pés dum túmulo!
O esquálido coveiro p'ra dois corpos
Ergueu a mesma enxada, e nessa noite
A mesma cova os teve!
     E a mãe chorava,
E mais alto que o choro erguia as vozes!
....

No entanto o sacerdote – fronte branca
Pelo gelo dos anos – a seu lado
Tentava consolá-la.
     A mãe aflita

Sublime desse belo desespero
As vozes não lhe ouvia; a dor suprema
Toldava-lhe a razão no duro transe.
"Oh! padre! – disse a pobre s'estorcendo
Co'a voz cortada dos soluços d'alma –
"Onde o bálsamo, as falas d'esperança,
"O alívio à minha dor?!"
                        Grave e solene,
O padre não falou – mostrou-lhe o céu!

Rio – 1858.

XVIII

DEUS

Eu me lembro! eu me lembro! – Era pequeno
E brincava na praia; o mar bramia
E, erguendo o dorso altivo, sacudia[1]
A branca escuma para o céu sereno.

E eu disse a minhã mãe nesse momento:
"Que dura orquestra! Que furor insano!
"Que pode haver maior do que o oceano,
"Ou que seja mais forte do que o vento?!" –

Minha mãe a sorrir olhou p'r'os céus
E respondeu: – "Um Ser que nós não vemos[2]
"É maior do que o mar que nós tememos,
"Mais forte que o tufão! meu filho, é – Deus!" –

Dezembro – 1858.

---

1. Pusemos vírgula depois de *E*.
2. A edição original não traz aspas antes de *Um*.

LIVRO SEGUNDO

*La chanson la plus charmante
Est la chanson des amours!*

V. Hugo

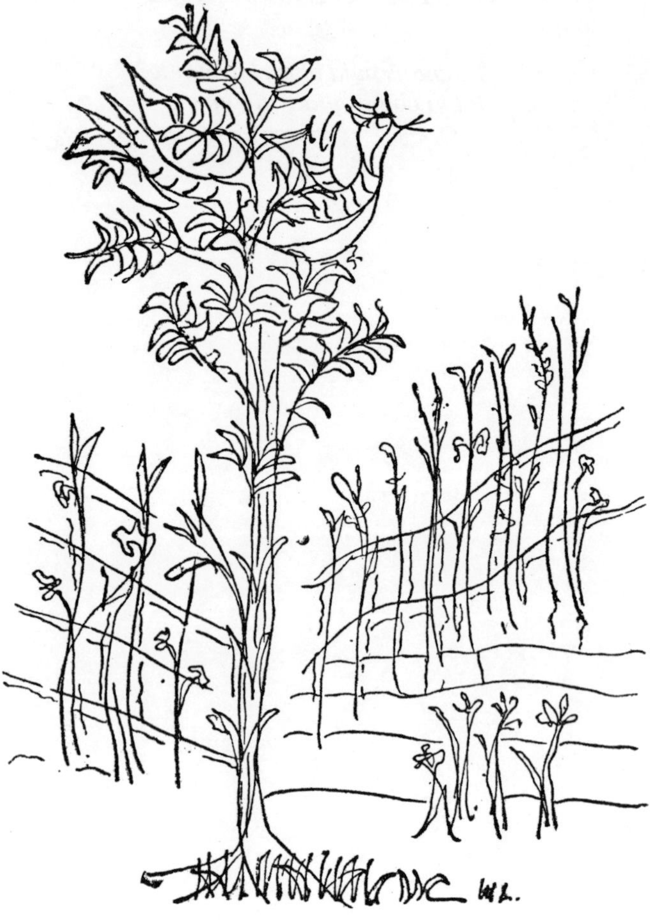

XIX

PRIMAVERAS

> *O Primavera! Gioventú dell'
> anno. Gioventú! primavera
> della vita*
>
> Metastásio

I

A primavera é a estação dos risos,
Deus fita o mundo com celeste afago,
Tremem as folhas e palpita o lago
Da brisa louca aos amorosos frisos.

Na primavera tudo é viço e gala,
Trinam as aves a canção de amores,
E doce e bela no tapiz das flores
Melhor perfume a violeta exala.

Na primavera tudo é riso e festa,
Brotam aromas do vergel florido, →

E o ramo verde de manhã colhido
Enfeita a fronte da aldeã modesta.

A natureza se desperta rindo,
Um hino imenso a criação modula,
Canta a calhandra, a juriti arrula,
O mar é calmo porque o céu é lindo.

Alegre e verde se balança o galho,
Suspira a fonte na linguagem meiga,
Murmura a brisa: – Como é linda a veiga!
Responde a rosa: – Como é doce o orvalho!

II

Mas como às vezes sob o céu sereno
Corre uma nuvem que a tormenta guia
Também a lira alguma vez sombria
Solta gemendo de amargura um treno.

São flores murchas; – o jasmim fenece,
Mas bafejado s'erguerá de novo
Bem como o galho do gentil renovo
Durante a noite, quando o orvalho desce.

Se um canto amargo de ironia cheio
Treme nos lábios do cantor mancebo,
Em breve a virgem do seu casto enlevo
Dá-lhe um sorriso e lhe entumece o seio.[1]

---

1. Por erro tipográfico, falta o ponto final na edição de 1859.

Na primavera – na manhã da vida –
Deus às tristezas o sorriso enlaça,
E a tempestade se dissipa e passa
À voz mimosa da mulher querida.

Na mocidade, na estação fogosa,
Ama-se a vida – a mocidade é crença,
E a alma virgem nesta festa imensa
Canta, palpita, s'extasia e goza.

1º de Julho – 1858.

XX

CENA ÍNTIMA

Como estás hoje zangada
E como olhas despeitada
 Só p'ra mim!
– Ora diz-me: esses queixumes,
Esses injustos ciúmes
 Não têm fim?[1]

Que pequei eu bem conheço,
Mas castigo não mereço
 Por pecar;
Pois tu queres chamar crime
Render-me à chama sublime
 Dum olhar!

Porventura te esqueceste
Quando de amor me perdeste →

---

1. Está *tem*, sem circunflexo.

Num sorrir?
Agora em cólera imensa
Já queres dar a sentença
    Sem me ouvir!

E depois, se eu te repito
Que nesse instante maldito
    – Sem querer –
Arrastado por magia
Mil torrentes de poesia
    Fui beber!

Eram uns olhos escuros
Muito belos, muito puros,
    Como os teus!
Uns olhos assim tão lindos
Mostrando gozos infindos,
    Só dos céus!

Quando os vi fulgindo tanto
Senti no peito um encanto
    Que não sei!
Juro falar-te a verdade...
Foi decerto – sem vontade –
    Que eu pequei!

Mas hoje, minha querida,
Eu dera até esta vida
    P'ra poupar
Essas lágrimas queixosas,
Que as tuas faces mimosas
    Vêm molhar!

Sabe ainda ser clemente,
Perdoa um erro inocente,[2]
    Minha flor!
Seja grande embora o crime
O perdão sempre é sublime,[3]
    Meu amor!

Mas se queres com maldade
Castigar quem – sem vontade –
    Só pecou;
Olha, linda, eu não me queixo,
A teus pés cair me deixo...
    Aqui 'stou!

Mas se me deste, formosa,
De amor na taça mimosa
    Doce mel;
Ai! deixa que peça agora
Esses extremos d'outrora
    O infiel.

Prende-me... nesses teus braços
Em doces, longos abraços
    Com paixão;
Ordena com gesto altivo...
Que te beije este cativo
    Essa mão!

---

2. Pusemos vírgula depois de *inocente*.
3. Sem vírgula depois de *sublime*, na edição original.

Mata-me sim... de ventura,
Com mil beijos de ternura
    Sem ter dó,
Que eu prometo, anjo querido,
Não desprender um gemido,
    Nem um só!

XXI

JURAMENTO

Tu dizes, ó Mariquinhas,[1]
Que não crês nas juras minhas,
Que nunca cumpridas são!
Mas se eu não te jurarei nada,
Como há de tu, estouvada,
Saber se eu as cumpro ou não?!

Tu dizes que eu sempre minto,
Que protesto o que não sinto,
Que todo o poeta é vário,
Que é borboleta inconstante;
Mas agora, neste instante,
Eu vou provar-te o contrário.

---

1. Está: *Tu dizes oh Mariquinhas* sem as vírgulas.

Vem cá, sentada a meu lado
Com esse rosto adorado
Brilhante de sentimento,
Ao colo o braço cingido,
Olhar no meu embebido,
Escuta o meu juramento.

Espera: – inclina essa fronte...
Assim!... – Pareces no monte
Alvo lírio debruçado!
– Agora, se em mim te fias,
Fica séria, não te rias,
O juramento é sagrado:

"– Eu juro sobre estas tranças,
"E pelas chamas que lanças
"Desses teus olhos divinos;
"Eu juro, minha inocente,
"Embalar-te docemente
"Ao som dos mais ternos hinos!

"Pelas ondas, pelas flores,
"Que se estremecem de amores
"Da brisa ao sopro lascivo;
"Eu juro por minha vida,
"Deitar-me a teus pés, querida,[2]
"Humilde como um cativo!
"Pelos lírios, pelas rosas,
"Pelas estrelas formosas,
"Pelo sol que brilha agora, →

---

2. Pusemos vírgula antes e depois de *querida*.

"– Eu juro dar-te, Maria,
"Quarenta beijos por dia
"E dez abraços por hora!"

O juramento está feito,
Foi dito co'a mão no peito
Apontando ao coração:
E agora – por vida minha,
Tu verás, oh! moreninha,[3]
Tu verás se o cumpro ou não!...

Rio – 1857.

---

3. Não há vírgula depois de *verás*.

XXII

PERFUMES E AMOR

NA PRIMEIRA FOLHA DUM ÁLBUM

A flor mimosa que abrilhanta o prado
Ao sol nascente vai pedir fulgor;
E o sol, abrindo da açucena as folhas,
Dá-lhe perfumes – e não nega amor.

Eu que não tenho, como o sol, seus raios,
Embora sinta nesta fronte ardor,
Sempre quisera ao encetar teu álbum
Dar-lhe perfumes – desejar-lhe amor.

Meu Deus! nas folhas deste livro puro
Não manche o pranto da inocência o alvor,
Mas cada canto que cair dos lábios
Traga perfumes – e murmure amor.

Aqui se junte, qual num ramo santo,
Do nardo o aroma e da camélia a cor,
E possa a virgem, percorrendo as folhas,
Sorver perfumes, respirar amor.

Encontre a·bela, caprichosa sempre,
Nos ternos hinos d'infantil frescor
Entrelaçados na grinalda amiga
Doces perfumes – e celeste amor.

Talvez que diga, recordando tarde
O doce anelo do feliz cantor:
– "Meu Deus! nas folhas do meu livro d'alma
Sobram perfumes – e não falta amor!"

Junho – 1858.

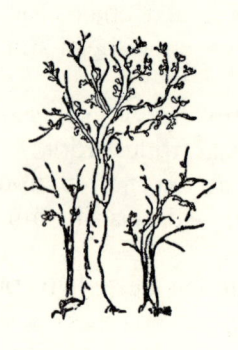

XXIII

SEGREDOS

Eu tenho uns amores – quem é que os não tinha
Nos tempos antigos? – Amar não faz mal;
As almas que sentem paixão como a minha
Que digam, que falem em regra geral.
   – A flor dos meus sonhos é moça e bonita
   Qual flor entr'aberta do dia ao raiar,
   Mas onde ela mora, que casa ela habita,
   Não quero, não posso, não devo contar!

Seu rosto é formoso, seu talhe elegante,
Seus lábios de rosa, a fala é de mel,
As tranças compridas, qual livre bacante,
O pé de criança, cintura de anel;
   – Os olhos rasgados são cor das safiras,[1]
   Serenos e puros, azuis como o mar; →

---

1. Acrescentamos a vírgula no final do verso.

Se falam sinceros, se pregam mentiras,
Não quero, não posso, não devo contar!

Oh! ontem no baile com ela valsando
Senti as delícias dos anjos do céu!
Na dança ligeira qual silfo voando
Caiu-lhe do rosto seu cândido véu!
    – Que noite e que baile! – Seu hálito virgem
    Queimava-me as faces no louco valsar,
    As falas sentidas que os olhos falavam
    Não posso, não quero, não devo contar!

Depois indolente firmou-se em meu braço
Fugimos das salas, do mundo talvez!
Inda era mais bela rendida ao cansaço
Morrendo de amores em tal languidez!
    – Que noite e que festa! e que lânguido rosto
    Banhado ao reflexo do branco luar!
    A neve do colo e as ondas dos seios
    Não quero, não posso, não devo contar!

A noite é sublime! – Tem longos queixumes,
Mistérios profundos que eu mesmo não sei:
Do mar os gemidos, do prado os perfumes,
De amor me mataram, de amor suspirei!
    – Agora eu vos juro... Palavra! – não minto:
    Ouvi-a formosa também suspirar;
    Os doces suspiros que os ecos ouviram
    Não quero, não posso, não devo contar!

Então nesse instante nas águas do rio
Passava uma barca, e o bom remador
Cantava na flauta: – "Nas noites d'estio →

O céu tem estrelas, o mar tem amor!" –
 – E a voz maviosa do bom gondoleiro
Repete cantando: – "viver é amar!" –
Se os peitos respondem à voz do barqueiro...
Não quero, não posso, não devo contar!

Trememos de medo... a boca emudece
Mas sentem-se os pulos do meu coração!
Seu seio nevado de amor se entumece...
E os lábios se tocam no ardor da paixão!
 – Depois... mas já vejo que vós, meus
   [senhores,
Com fina malícia quereis me enganar.
Aqui faço ponto; – segredos de amores
Não quero, não posso, não devo contar!

Rio – 1857.

XXIV

CLARA

Não sabe, Clara, que pena[1]
Eu teria se – morena
Tu fosses em vez de *clara!*
Talvez... Quem sabe?... não digo...
Mas refletindo comigo
Talvez nem tanto te amara!

A tua cor é mimosa,
Brilha mais da face a rosa,
Tem mais graça a boca breve,
O teu sorriso é delírio...
És alva da cor do lírio,
És *clara* da cor da neve!

---

1. Pusemos vírgula antes e depois de *Clara*.

A morena é predileta,
Mas a *clara* é do poeta:
Assim se pintam arcanjos.
Qualquer, encantos encerra,
Mas a morena é da terra
Enquanto a *clara* é dos anjos!

Mulher morena é ardente:
Prende o amante demente
Nos fios do seu cabelo;
– A *clara* é sempre mais fria,
Mas dá-me licença um dia
Que eu vou arder no teu gelo!

A cor morena é bonita,
Mas nada, nada te imita
Nem mesmo sequer de leve.
– O teu sorriso é delírio...
És alva da cor do lírio,
És *clara* da cor da neve!

Rio – 1857.

XXV

A VALSA

A M.***

Tu, ontem
Na dança
Que cansa,
Voavas
Co'as faces
Em rosas
Formosas
De vivo,
Lascivo
Carmim;
Na valsa,
Tão falsa,
Corrias,
Fugias,
Ardente,
Contente, →

Tranqüila,
Serena,
Sem pena
De mim!
Quem dera
Que sintas
As dores
De amores
Que louco
Senti!
Quem dera
Que sintas!...
– Não negues
Não mintas...
– Eu vi!...

Valsavas:
– Teus belos
Cabelos,
Já soltos,
Revoltos,
Saltavam,
Voavam,
Brincavam
No colo
Que é meu;
E os olhos
Escuros
Tão puros,
Os olhos
Perjuros
Volvias,
Tremias, →

— As primaveras —

Sorrias,
P'ra outro
Não eu!
Quem dera
Que sintas
As dores
De amores
Que louco
Senti!
Quem dera
Que sintas!...
– Não negues,
Não mintas...
– Eu vi!

Meu Deus!
Eras bela
Donzela,
Valsando,
Sorrindo,
Fugindo,
Qual silfo
Risonho
Que em sonho
Nos vem![1]
Mas esse
Sorriso
Tão liso
Que tinhas
Nos lábios →

---

1. Está *vêm*, com circunflexo.

De rosa,
Formosa,
Tu davas,
Mandavas
A quem?!
Quem dera
Que sintas
As dores
De amores
Que louco
Senti!
Quem dera
Que sintas!...
– Não negues,
Não mintas...
– Eu vi!...

Calado,
Sozinho,
Mesquinho,
Em zelos
Ardendo,
Eu vi-te
Correndo
Tão falsa
Na valsa
Veloz!
Eu triste
Vi tudo!
Mas mudo
Não tive
Nas galas
Das salas, →

Nem falas,
Nem cantos,
Nem prantos,[2]
Nem voz!
Quem dera
Que sintas
As dores
De amores
Que louco
Senti!
Quem dera
Que sintas!...
Não mintas!...
– Não negues,
– Eu vi!...

Na valsa,
Cansaste;
Ficaste
Prostrada,
Turbada!
Pensavas,
Cismavas,
E estavas
Tão pálida
Então;
Qual pálida
Rosa
Mimosa
No vale →

---

2. Sem vírgula, na edição original.

Do vento
Cruento
Batida,
Caída
Sem vida
No chão!

Quem dera
Que sintas
As dores
De amores
Que louco
Senti!
Quem dera
Que sintas!...
– Não negues,
Não mintas...
– Eu vi!...

Rio – 1858.

XXVI

BORBOLETA

Borboleta dos amores,
Como a outra sobre as flores,
Por que és volúvel assim?[1]
Por que deixas, caprichosa,
Por que deixas tu a rosa
E vais beijar o jasmim?

Pois essa alma é tão sedenta
Que um só amor não contenta
E louca quer variar?
Se já tens amores belos,
P'ra que vais dar teus desvelos
Aos goivos da beira-mar?

---

1. Está *porque* em todas as ocorrências de *por que* neste poema.

Não sabes que a flor traída
Na débil haste pendida
Em breve murcha será?
Que de ciúme fenece
E nunca mais estremece
Aos beijos que a brisa dá?...

Borboleta dos amores,
Como a outra sobre as flores,
Por que és volúvel assim?
Por que deixas, caprichosa,
Por que deixas tu a rosa
E vais beijar o jasmim?!

Tu vês a flor da campina,
E bela e terna e divina,
Tu dá-lhe o que essa alma tem;
Depois, passado o delírio,
Esqueces o pobre lírio
Em troca duma cecém!

Mas tu não sabes, louquinha
Que a flor que pobre definha
Merece mais compaixão?
Que a desgraça precisa,
Como sopro da brisa,
Os ais do teu coração?

Borboleta dos amores,
Como a outra sobre as flores,
Por que és volúvel assim?
Por que deixas, caprichosa, →

Por que deixas tu a rosa
E vais beijar o jasmim?!

Se a borboleta dourada
Esquece a rosa encarnada
Em troca duma outra flor;
Ela – a triste, molemente
Pendida sobre a corrente,
Falece à míngua d'amor.

Tu também, minha inconstante,[2]
Tens tido mais dum amante
E nunca amaste a um só!
Eles morrem de saudade
Mas tu na variedade
Vais vivendo e não tens dó!

Ai! és muito caprichosa!
Sem pena deixas a rosa
E vais beijar outras flores;
Esqueces os que te amam...
Por isso todos te chamam:
– Borboleta dos amores!

Rio – 1858.

---

2. Não há vírgula depois de *também* e de *inconstante*.

XXVII

QUANDO TU CHORAS

Quando tu choras, meu amor, teu rosto
Brilha formoso com mais doce encanto,
E as leves sombras de infantil desgosto
Tornam mais belo o cristalino pranto.

Oh! nessa idade da paixão lasciva,[1]
Como o prazer, é o chorar preciso:
Mas breve passa – qual a chuva estiva –
E quase ao pranto se mistura o riso.

É doce o pranto de gentil donzela,
É sempre belo quando a virgem chora:
– Semelha a rosa pudibunda e bela
Toda banhada do orvalhar da aurora.

---

1. Pusemos vírgula no final do verso.

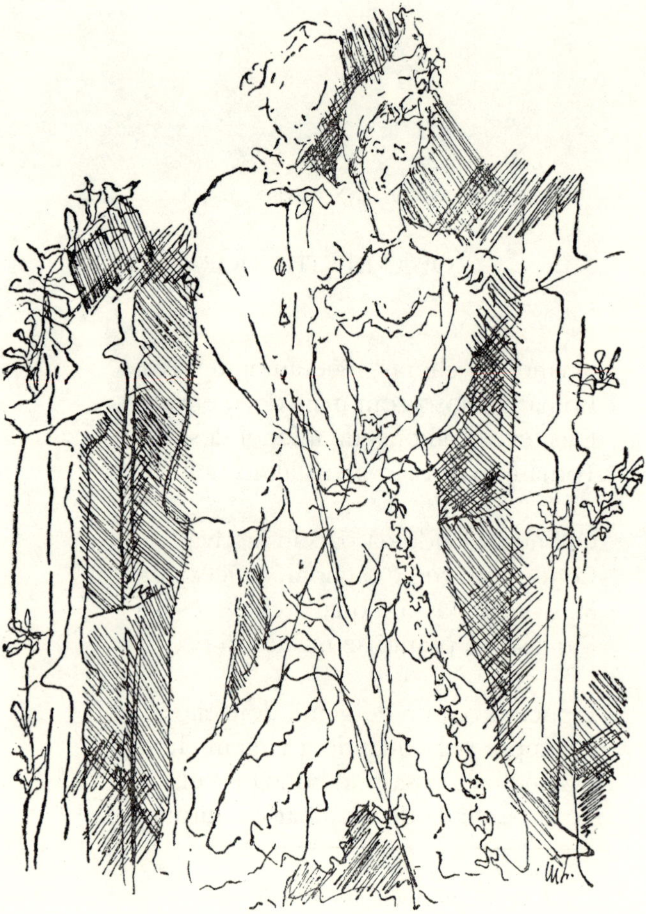

Da noite o pranto, que tão pouco dura,
Brilha nas folhas como um rir celeste,
E a mesma gota transparente e pura
Treme na relva que a campina veste.

Depois o sol, como sultão brilhante,
De luz inunda o seu gentil serralho,
E às flores todas – tão feliz amante! –
Cioso sorve o matutino orvalho.

Assim, se choras, inda és mais formosa,
Brilha teu rosto com mais doce encanto:
– Serei o sol e tu serás a rosa...
Chora, meu anjo, – beberei teu pranto!

Rio – 1858.

XXVIII

CANTO DE AMOR

A M.***

I.

Eu vi-a a minha alma antes a vê-la
Sonhara-a linda como agora a vi;
Nos puros olhos e na face bela,
Dos meus sonhos a virgem conheci.

Era a mesma expressão, o mesmo rosto,
Os mesmos olhos só nadando em luz,
E uns doces longes, como dum desgosto,
Toldando a fronte que de amor seduz!

E seu talhe era o mesmo, esbelto, airoso
Como a palmeira que se ergue ao ar,
Como a tulipa ao pôr-do-sol! saudoso,
Mole vergando à variação do mar.

Era a mesma visão que eu dantes via,
Quando a minha alma transbordava em fé;
E nesta eu creio como na outra eu cria,
Porque é a mesma visão, bem sei que é!

No silêncio da noite a virgem vinha
Soltas as tranças junto a mim dormir;
E era bela, meu Deus, assim sozinha
No seu sono d'infante inda a sorrir!...
....

II.

Via-a e não via-a! Foi num só segundo,
Tal como a brisa ao perpassar na flor,
Mas nesse instante resumi um mundo
De sonhos de ouro e de encantado amor.

O seu olhar não me cobriu d'afago,
E minha imagem nem sequer guardou,
Qual se reflete sobre a flor dum lago
A branca nuvem que no céu passou.

A sua vista espairecendo vaga,
Quase indolente, não me viu, ai, não!
Mas eu que sinto tão profunda a chaga
Ainda a vejo como a vi então.

Que rosto d'anjo, qual estátua antiga
No altar erguida, já caído o véu!
Que olhar de fogo, que a paixão instiga!
Que níveo colo prometendo um céu![1]

---

1. Está ponto final e não exclamação como pusemos...

Vi-a e amei-a, que a minha alma ardente
Em longos sonhos a sonhara assim;
O ideal sublime, que eu criei na mente,
Que em vão buscava e que encontrei por fim!

III.

P'ra ti, formosa, o meu sonhar de louco
E o dom fatal, que desde o berço é meu;
Mas se os cantos da lira achares pouco,
Pede-me a vida, porque tudo é teu.

Se queres culto – como um crente adoro,
Se preito queres – eu te caio aos pés,
Se rires – rio, se chorares – choro,
E bebo o pranto que banhar-te a tez.

Dá-me em teus lábios um sorrir fagueiro,
E desses olhos um volver, um só,
E verás que meu estro, hoje rasteiro,
Cantando amores s'erguerá do pó!

Vem reclinar-te, como a flor pendida,
Sobre este peito cuja voz calei:
Pede-me um beijo... e tu terás, querida,
Toda a paixão que para ti guardei.

Do morto peito vem turbar a calma,
Virgem, terás o que ninguém te dá;
Em delírios d'amor dou-te a minha alma,
Na terra, a vida, a eternidade – lá!

IV.

Se tu, oh linda, em chama igual te abrasas,
Oh! não me tardes, não me tardes, – vem!
Da fantasia nas douradas asas
Nós viveremos noutro mundo – além!

De belos sonhos nosso amor povôo,
Vida bebendo nos olhares teu;
E como a garça que levanta o vôo,
Minha alma em hinos falará com Deus!

Juntas, unidas num estreito abraço,
As nossas almas uma só serão;
E a fronte enferma sobre o teu regaço
Criará poemas d'imortal paixão!

Oh! vem, formosa, meu amor é santo,
É grande e belo como é grande o mar,
É doce e triste como d'harpa um canto
Na corda extrema que já vai quebrar!

Oh! vem depressa, minha vida foge...
Sou como o lírio que já murcho cai!
Ampara o lírio que inda é tempo hoje!
Orvalha o lírio que morrendo vai!...

Rio – 1858.

XXIX

VIOLETA

Sempre teu lábio severo
Me chama de borboleta!
– Se eu deixo as rosas do prado
É só por ti – violeta!

Tu és formosa e modesta,
As outras são tão vaidosas!
Embora vivas na sombra
Amo-te mais do que às rosas.

A borboleta travessa
Vive de sol e de flores...
– Eu quero o sol de teus olhos,
O néctar dos teus amores

Cativo de teu perfume
Não mais serei borboleta;
– Deixa eu dormir no teu seio,
Dá-me o teu mel – violeta!

4 de Abril.

XXX

O QUÊ?

Em que cismas, poeta? Que saudades
Te adormecem na mágica fragrância
Das rosas do passado já pendidas?
Nos sonhos d'alma que te lembras?
    – A infância!

Que sombra, que fantasma vem banhado
No doce aflúvio dessa quadra linda?
E a mente a folhear os dias idos
Que nome te recorda agora?
    – Arinda!

Mas se passa essa quadra, fugitiva,
Qual no horizonte solitária vela,
Por que cismar na vida e no passado?
E de quem são essas saudades?
    – Dela!

E se a virgem viesse agora mesmo
Surgindo bela qual visão de amores,
Tu, p'ra saudá-la bem do imo d'alma,[1]
Diz-me, poeta – o que escolhias?
                      – Flores.

E se ela, farta dos aromas doces
Que tem achado nos jardins divinos,
Tão caprichosa machucasse as rosas...
Diz-me, meu louco, o que mais tinhas?
                      – Hinos!

E se, teimosa, rejeitando a lira,
A fronte virgem para ti pendida,
Dum beijo a paga te pedisse altiva...
O que lhe davas, meu poeta?
                      – A vida!

Rio – 1858.

---

1. Acrescentamos a vírgula depois de *alma*.

XXXI

SONHOS DE VIRGEM

A M.***

I.

Que sonhas, virgem, nos sonhos
Que à mente te vêm risonhos[1]
Na primavera inda em flor?
No celeste devaneio,
No doce bater do seio,
Que sonhas, virgem? – amor?[2]

Que céus, que jardins, que flores,
Que longos cantos de amores →

---

1. Está *vem*, sem circunflexo.
2. Pusemos vírgula depois de *sonhas*.

Nos lindos sonhos te vêm?[3]
E quando a mente delira,
E quando o peito suspira,
Suspira o peito – por quem?

Sonhando mesmo acordada,
Pendida a fronte adorada
Num cismar vago e sem fim;
Do olhar o fogo tão vivo,
A voz, o riso lascivo,
O pensamento é – por mim?

II.

Quando tu dormes tranqüila,
Cerrada a negra pupila
E o lábio doce a sorrir;
Então o sonho dourado
Nas dobras do cortinado
Vem esmaltar teu dormir!

Oh! sonha! – Feliz a idade
Das rosas da virgindade,
Dos sonhos do coração!
– Puro vergel de açucenas
Ou lago d'águas serenas
Que estremece à viração

---

3. Está *vem*, sem circunflexo.

Feliz! Feliz quem pudera
Colher-te na primavera
De galas rica e louçã!
Feliz, ho! flor dos amores,[4]
Quem te beber os odores
Nos orvalhos da manhã!

Rio – 1858.

---

4. Sem vírgula, na edição original, depois de *feliz*.

XXXII

ASSIM!

A M.***

Viste o lírio da campina?
    Lá s'inclina
E murcho no hastil pendeu!
– Viste o lírio da campina?
    Pois, divina,
Como o lírio assim sou eu!

Nunca ouviste a voz da flauta,
    A dor do nauta
Suspirando no alto mar?
– Nunca ouviste a voz da flauta?
    Como o nauta
É tão triste o meu cantar!

Não viste a rola sem ninho
    No caminho →

Gemendo, se a noite vem?
– Não viste a rola sem ninho?
   Pois, anjinho,
Assim eu gemo, também!

Não viste a barca perdida,
   Sacudida
Nas asas dalgum tufão?
– Não viste a barca fendida?
   Pois, querida,[1]
Assim vai meu coração!

Rio – 1858.

---

1. Pusemos vírgula antes e depois de *querida*.

XXXIII

QUANDO?!...

Não era belo, Maria,
Aquele tempo de amores,
Quando o mundo nos sorria,
Quando a terra era só flores
Da vida na primavera?
                     – Era!

Não tinha o prado mais rosas,
O sabiá mais gorjeios,
O céu mais nuvens formosas,
E mais puros devaneios
A tua alma inocentinha?
                     – Tinha!

E como achavas, Maria,
Aqueles doces instantes
De poética harmonia →

Em que as brisas doudejantes
Folgavam nos teus cabelos?
            – Belos!

Como tremias, oh! vida,[1]
Se em mim os olhos fitavas!
Como eras linda, querida,
Quando d'amor suspiravas
Naquela encantada aurora!
            – Ora!

E diz-me: não te recordas
– Debaixo do cajueiro –
Lá da lagoa nas bordas
Aquele beijo primeiro?
Ia o dia já findando...
            – Quando?!...

Rio – 1858.

---

1. A edição original não traz vírgula depois de *tremias*.

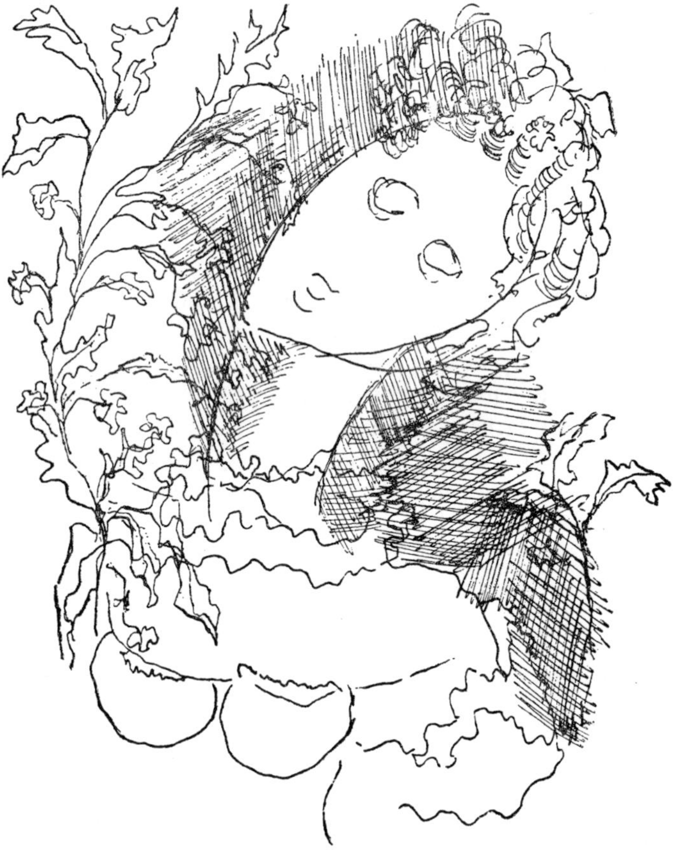

XXXIV

SEMPRE SONHOS!...

Se eu tivesse, meu Deus, santos amores,
Eu m'erguera cantando essa paixão,
E atirara p'ra longe – sem saudade
Este véu que me cobre a mocidade
    De tanta escuridão!

Eu que sou como o cardo do rochedo
Quase morto dos ventos ao rigor,
Encontrara de novo a minha vida,
O sol da primavera e a luz perdida,
    Nos braços desse amor!

Minha fronte, que pende sofredora,[1]
Acharia, meu Deus, inspirações.
E o fogo que queimou Gilbert e Dante →

---

1. Sem vírgula no final do verso.

Correria mais puro e mais constante
    Na lira das canções!

No mundo tão gentil dos devaneios
Minh'alma mais feliz saudara a luz,
E apagara, Senhor, num beijo puro
A dor imensa da perda do futuro
    Que à morte me conduz.

Por ela eu deixaria a voz das turbas
E esta ânsia infeliz de glória vã;
Na vida que nos corre tão sombria
Eu seria, meu Deus, seu doce guia,
    E ela – minha irmã!

Eu velara, Senhor, pelos seus dias,
Como a mãe vela o filho que dormiu:
Se um dia ela soltasse um só gemido,
Eu iria saber porque ferido
    Seu seio assim buliu!

Como à sombra das árvores da pátria
S'embala a doce filha dos tupis,
À sombra da aventura e da esperança[2]
Embalara, meu Deus, essa criança
    Nos cantos juvenis!

Como o nauta olha o céu de primavera,
Eu, sentado a seus pés, ébrio de amor,
Espreitara tremendo no seu rosto →

---

2. Está *A*, sem crase.

A sombra fugitiva dum desgosto,
   A nuvem duma dor!

Eu lhe iria mostrar nos hinos d'alma
Outro mundo, outro céu, outros vergéis;
Nossa vida seria um doce afago,
Nós – dois cisnes vogando em manso lago,
   – Amor – nossos batéis!

———

Se eu tivesse, meu Deus, santos amores,
Eu deixaria este amor da glória vã;
Nesse mundo de luz, doce e risonho,
A pudibunda virgem do meu sonho
   Seria minha irmã!

... – 1858.

XXXV

O QUE É – SIMPATIA

A UMA MENINA

Simpatia – é o sentimento
Que nasce num só momento,
Sincero, no coração;
São dois olhares acesos
Bem juntos, unidos, presos
Numa mágica atração.

Simpatia – são dois galhos
Banhados de bons orvalhos
Nas mangueiras do jardim;
Bem longe às vezes nascidos,
Mas que se juntam crescidos
E que se abraçam por fim.

São duas almas bem gêmeas
Que riem no mesmo riso, →

Que choram nos mesmos ais;
São vozes de dois amantes,
Duas liras semelhantes,
Ou dois poemas iguais.

Simpatia – meu anjinho,
É o canto do passarinho,
É o doce aroma da flor,
São nuvens dum céu d'Agosto,
É o que me inspira teu rosto...
– Simpatia – é – quase amor!

Indaiaçu – 1857.

XXXVI

PALAVRAS NO MAR

Se eu fosse amado!...
Se um rosto virgem
Doce vertigem
Me desse n'alma[1]
Turbando a calma
Que me enlanguece!...
Oh! se eu pudesse
Hoje – sequer –
Fartar desejos
Nos longos beijos
Duma mulher!...
Se o peito morto
Doce conforto
Sentisse agora
Na sua dor; →

---

1. Está *d'esse*, evidente erro de revisão.

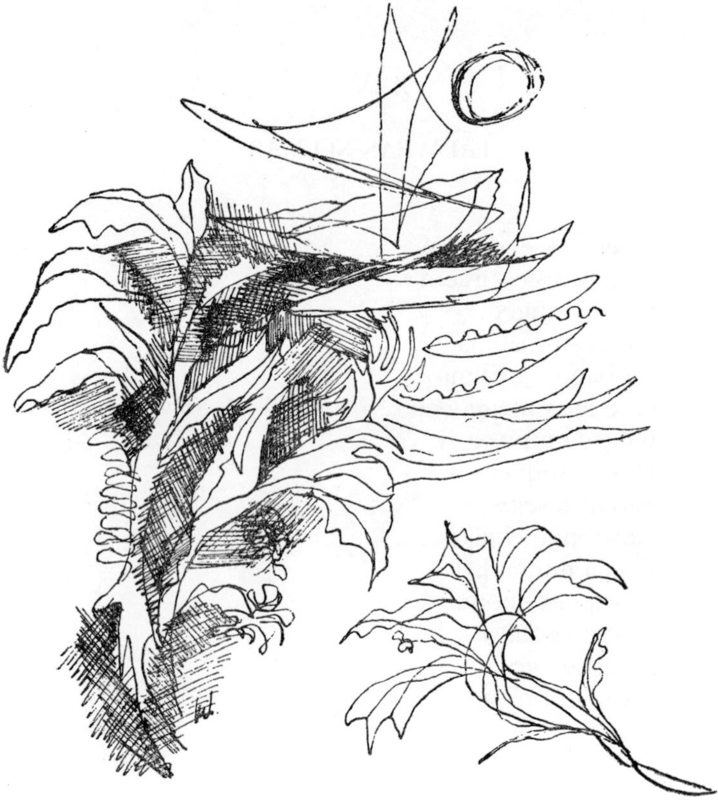

Talvez nest'hora
Viver quisera
Na primavera
De casto amor!
Então minh'alma,
Turbada e calma,
– Harpa vibrada
Por mão fadada –
Como a calhandra
Saúda o dia,
Em meigos cantos
Se exalaria
Na melodia
Dos sonhos meus;
E louca e terna
Nessa vertigem
Amara a virgem
Cantando a Deus!...

Avon – 1857.

XXXVII

PEPITA

> *À toi! toujours à toi!*
>
> V. Hugo

Minh'alma é mundo virgem, – ilha perdida –
    Em lagos de cristais;
Vem, Pepita, – Colombo dos amores, –
Vem descobri-lo, no país das flores
    Sultana reinarás!

Eu serei teu vassalo e teu cativo
    Nas terras onde és rei;
À sombra dos bambus vem tu ser minha;[1]
Teu reinado de amor, doce rainha,
    Na lira cantarei.

---

1. Está *A*, sem crase.

Minh'alma é como o pombo inda sem penas
    Sozinho a pipilar
– Vem tu, Pepita, visitá-lo ao ninho;
As asas a bater, o passarinho
    Contigo irá voar.

Minh'alma é como a rocha toda estéril
    Nos plainos do Sará;
Vem tu – fada de amor – dar-lhe co'a vara...
– Qual no penedo que Moisés tocara
    O jorro saltará.

Minh'alma é um livro lindo, encadernado,
    Co'as folhas em cetim;
– Vem tu, Pepita, soletrá-lo um dia...
Tem poemas de amor, tem melodia
    Em cânticos sem fim!

Minh'alma é o batel prendido à margem
    Sem leme, em ócio vil;
– Vem soltá-lo, Pepita, e correremos
– Soltas as velas – desprezando remos,
    Que o mar é todo anil.

Minh'alma é um jardim oculto em sombras
    Co'as flores em botão;
– Vem ser da primavera o sopro louco,
Vem tu, Pepita, bafejar-me um pouco
    Que as rosas abrirão.

O mundo em que eu habito tem mais Sonhos.
    A vida mais prazer;
– Vem, Pepita, das tardes no remanso, →

Da rede dos amores no balanço
   Comigo adormecer.

Oh! vem! eu sou a flor aberta à noite
   Perdida no arrebol!
Dá-me um carinho dessa voz lasciva,
E a flor pendida s'erguerá mais viva
   Aos raios desse sol!

Bem vês, sou como a planta que definha
   Torrada do calor.
– Dá-me o riso feliz em vez da mágoa...
O lírio morto quer a gota d'água,
   – Eu quero o teu amor!

Rio – 1858.

XXXVIII

VISÃO

Uma noite, meu Deus, que noite aquela!
Por entre as galas, no fervor da dança,
Vi passar, qual num sonho vaporoso,
O rosto virginal duma criança.

Sorri-me; – era o sonho de minh'alma
Esse riso infantil que o lábio tinha:
– Talvez que essa alma dos amores puros
Pudesse um dia conversar co'a minha!

Eu olhei, ela olhou... doce mistério!
Minh'alma despertou-se à luz da vida.
E as vozes duma lira e dum piano
Juntas se uniram na canção querida.

Depois eu indolente descuidei-me
Da planta nova dos gentis amores, →

E a criança, correndo pela vida,
Foi colher nos jardins mais lindas flores.

Não voltou; – talvez ela adormecesse
Junto à fonte, deitada na verdura,
E – sonhando – a criança se recorde
Do moço que ela viu e que a procura!

Corri pelas campinas noite e dia
Atrás do berço d'ouro dessa fada;
Rasguei-me nos espinhos do caminho...
Cansei-me a procurar e não vi nada!

Agora como um louco eu fito as turbas
Sempre a ver se descubro a face linda...
– Os outros a sorrir passam cantando,
Só eu a suspirar procuro ainda!...

Onde foste, visão dos meus amores!
Minh'alma sem te ver, louca suspira,
– Nunca mais unirás, sombra encantada,
O som do teu piano à voz da lira?!...

Setembro – 1858.

XXXIX

QUEIXUMES

Olho e vejo... tudo é gala,
Tudo canta e tudo fala,
    Só minh'alma
    Não se acalma,
Muda e triste não se ri!
Minha mente já delira,
E meu peito só suspira
    Por ti! Por ti!

Ai! quem me dera essa vida
Tão bela e doce vivida
    Nos meus lares
    Sem pesares
No sossego só dali!
Não tinha-te visto as tranças
Nem rasgado as esperanças
    Por ti! Por ti!

Perdi as flores da idade,
E na flor da mocidade
    É meu canto
    – Todo pranto –
Qual a voz da juriti!
No teu sorriso embebido
Deixei meu sonho querido
    Por ti! Por ti!

Ai! se eu pudesse, formosa,
Roçar-te os lábios de rosa
    Como às flores
    – Seus amores –
Faz o louco colibri;
Esta minh'alma nos hinos
Erguera cantos divinos
    Por ti! Por ti!

Ai! não m'esqueças já morto!
À minh'alma dá conforto,
    Diz na lousa:
    – Ele repousa,
"Coitado! descansa aqui"
Ai! não te esqueças, senhora,
Da flor pendida n'aurora
    Por ti! Por ti!

Junho – 1858.

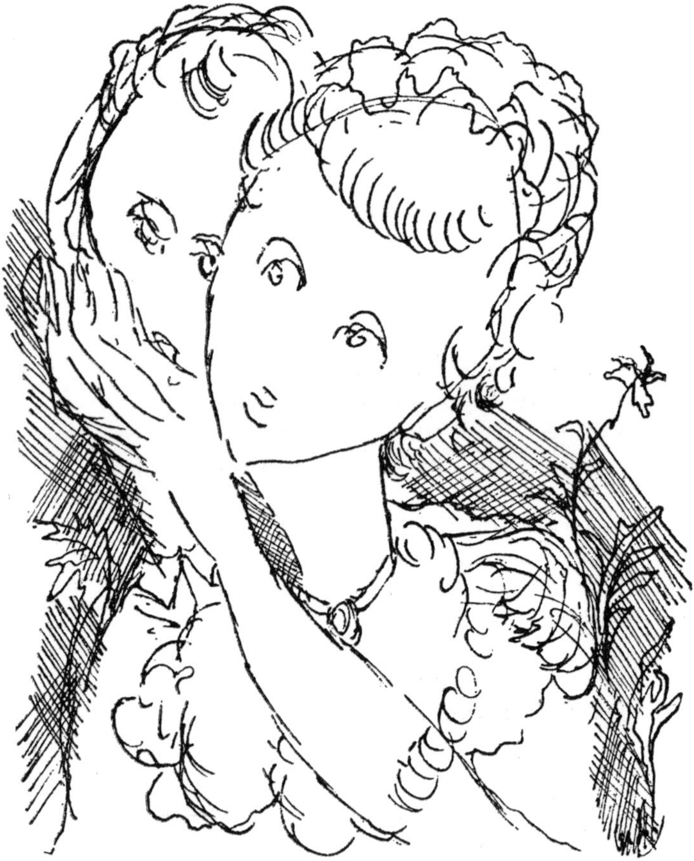

XL

AMOR E MEDO

I.

Quando eu te fujo e me desvio cauto
Da luz de fogo que cerca, oh! bela,
Contigo dizes, suspirando amores:
"– Meu Deus! que gelo, que frieza aquela!"

Como te enganas! meu amor é chama
Que se alimenta no voraz segredo,
E se te fujo é que te adoro louco...
És bela – eu moço; tens amor – eu medo!...[1]

Tenho medo de mim, de ti, de tudo,
Da luz, da sombra, do silêncio ou vozes, →

---

1. O exemplar da edição de 1859 que consultamos traz exclamação seguida de um ponto. Colocamos reticências em vista da lição do último verso da poesia.

Das folhas secas, do chorar das fontes,
Das horas longas a correr velozes.

O véu da noite me atormenta em dores,
A luz da aurora me entumece os seios,
E ao vento fresco do cair das tardes
Eu me estremeço de cruéis receios.

É que esse vento que na várzea – ao longe,
Do colmo o fumo caprichoso ondeia,
Soprando um dia tornaria incêndio
A chama viva que teu riso ateia!

Ai! se abrasado crepitasse o cedro,
Cedendo ao raio que a tormenta envia,
Diz: – que seria da plantinha humilde
Que à sombra dele tão feliz crescia?

A labareda que se enrosca ao tronco
Torrara a planta qual queimara o galho,
E a pobre nunca reviver pudera,[2]
Chovesse embora paternal orvalho!

II.

Ai! se eu te visse no calor da sesta.
A mão tremendo no calor das tuas,
Amarrotado o teu vestido branco,
Soltos cabelos nas espáduas nuas!...

Ai! se eu te visse, Madalena pura,
Sobre o veludo reclinada a meio, →

---

2. Acrescentamos a vírgula no final do verso.

Olhos cerrados na volúpia doce,
Os braços frouxos – palpitante o seio!...

Ai! se eu te visse em languidez sublime,
Nas faces as rosas virginais do pejo,
Trêmula a fala a protestar baixinho...
Vermelha a boca, soluçando um beijo!...

Diz: – que seria da pureza d'anjo,
Das vestes alvas, do candor das asas?
– Tu te queimaras, a pisar descalça,
– Criança louca, – sobre um chão de brasas!

No fogo vivo eu me abrasava inteiro!
Ébrio e sedento na fugaz vertigem
Vil, machucara com meu dedo impuro
As pobres flores da grinalda virgem!

Vampiro infame, eu sorveria em beijos
Toda a inocência que teu lábio encerra,
E tu serias no lascivo abraço
Anjo enlodado nos pauis da terra.

Depois... desperta no febril delírio,
– Olhos pisados – como um vão lamento,
Tu perguntaras: – qué da minha c'roa?...
Eu te diria: – desfolhou-a o vento!...

Oh! não me chames coração de gelo!
Bem vês: trai-me no fatal segredo.
Se de ti fujo é que te adoro e muito,
És bela – eu moço, tens amor, eu – medo!...

Outubro – 1858.

XLI

PERDÃO!

I.

Choraste?! – E a face mimosa
Perdeu as cores da rosa
E o seio todo tremeu?!
Choraste, pomba dourada?!
E a lágrima cristalina
Banhou-te a face divina
E a bela fronte inspirada
Pálida e triste pendeu?!

Choraste?! – E longe não pude
Sorver-te a lágrima pura
Que banhou-te a formosura!
Ouvir-te a voz de alaúde
A lamentar-se sentida!
Humilde cair-te aos pés, →

Oferecer-te esta vida
No sacrifício mais santo,
Para poupar-te esse pranto
Que te rolou sobre a tez!

Choraste?! – De envergonhada,
No teu pudor ofendida,
Porque minh'alma atrevida
No seu palácio de fada,
– No sonhar da fantasia –
Ardeu em loucos desejos,
Ousou cobrir-te de beijos
E quis manchar-te na orgia!

II.

Perdão pr'o pobre demente
Culpado, sim, – inocente –
Que se te amou, foi de mais!
Perdão p'ra mim que não pude
Calar a voz do alúde,
Nem comprimir os meus ais!
Perdão, oh! flor dos amores,[1]
Se quis manchar-te os verdores,
Se quis tirar-te do hastil!
– Na voz que a paixão resume
Tentei sorver-te o perfume...
E fui covarde e fui vil!...

---

1. Pusemos vírgula depois de *Perdão*.

III.

Eu sei devera sozinho
Sofrer comigo o tormento
E na dor do pensamento
Devorar essa agonia!
– Devera, sedento algoz,
Em vez de sonhos felizes,
Cortar no peito as raízes
Desse amor, e tão descrido
Dos hinos matar-lhe a voz!
– Devera, pobre fingido,
Tendo n'alma atroz desgosto,
Mostrar sorrisos no rosto,
Em vez de mágoas – prazer,
E mudo e triste e penando,
Como um perdido te amando,
Sentir, calar-me e – morrer!

....

Não pude! – A mente fervia,
O coração transbordava,
Interna a voz me falava,
E louco ouvindo a harmonia
Que a alma continha em si,
Soltei na febre o meu canto
E do delírio no pranto
Morri de amores – por ti!

....

IV.

Perdão! se fui desvairado
Manchar-te a flor d'inocência, →

E do meu canto n'ardência
Ferir-te no coração!
– Será enorme o pecado,
Mas tremenda a expiação
Se me deres por sentença
Da tua alma a indiferença,
Do teu lábio a maldição!...

....

Perdão, senhora!... Perdão!...

Junho – 1858.

XLII

MOCIDADE

Ninon, Ninon, que fais-tu de la vie?
L'heure s'enfuit, le jour succède au jour.
Rose ce soir, demain flétrie,
Comment vis-tu, toi qui n'as pas d'amour?!

MUSSET

Doce filha da lânguida tristeza,[1]
Ergue a fronte pendida – o sol fulgura!
Quando a terra sorri-se e o mar suspira
Por que te banha o rosto essa amargura?!

Por que chorar quando a natureza é risos,[2]
Quando no prado a primavera é flores?
– Não foge a rosa quando o sol a busca,[3]
Antes se abrasa nos gentis fulgores.

---

1. Na edição original não existe vírgula no final do verso.
2. Está *porque*.
3. Não há vírgula no final do verso.

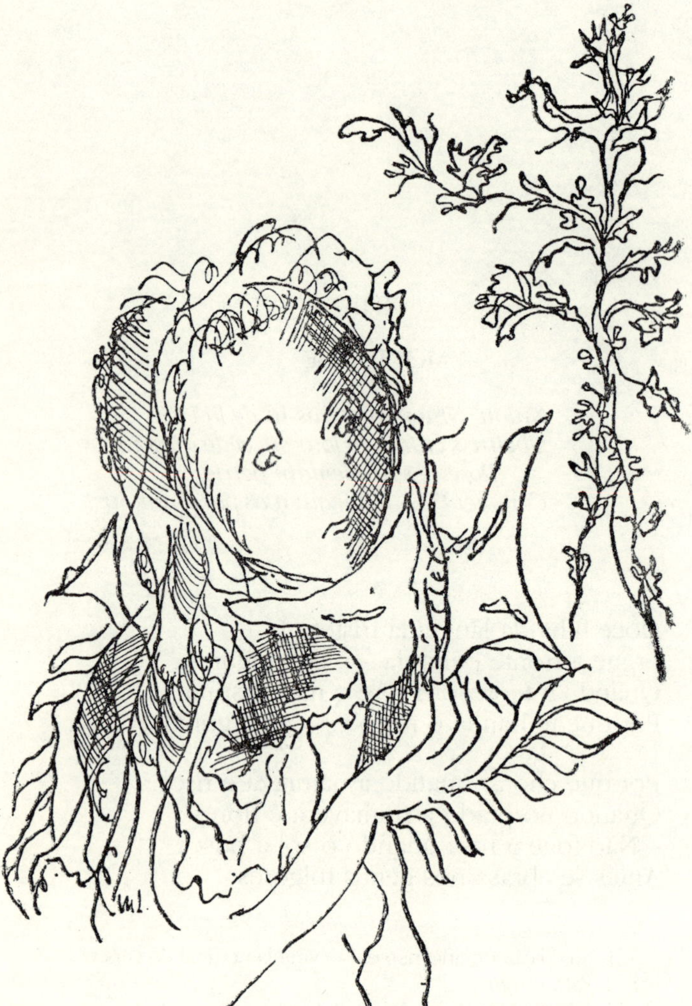

Não! – Viver é amar, é ter um dia
Um amigo, uma mão que nos afague;
Uma voz que nos diga os seus queixumes,
Que as nossas mágoas com amor apague.

A vida é um deserto aborrecido
Sem sombra doce, ou viração calmante;
– Amor – é a fonte que nasceu nas pedras
E mata a sede à caravana errante.

Amai-vos! – Disse Deus criando o mundo,
Amemos! – disse Adão no paraíso,
Amor! – murmura o mar nos seus queixumes,
Amor! – repete a terra num sorriso!

Doce filha da lânguida tristeza,[4]
Tua alma a suspirar de amor definha...
– Abre os olhos gentis à luz da vida,
Vem ouvir no silêncio a voz da minha!

Amemos! – Este mundo é tão tristonho!
A vida, como um sonho – brilha e passa;
Por que não havemos p'ra acalmar as dores
Chegar aos lábios o licor da taça?

O mundo! o mundo! – E que te importa o mundo?
– Velho invejoso, a resmungar baixinho!
Nada perturba a paz serena e doce
Que as rolas gozam no seu casto ninho.

Amemos! – tudo vive e tudo canta...
Cantemos! seja a vida – hinos e flores; →

---

4. Pusemos vírgula.

De azul se veste o céu... vistamos ambos
O manto perfumado dos amores.
....

Doce filha da lânguida tristeza,[5]
Ergue a fronte pendida – o sol fulgura!
– Como a flor indolente da campina
Abre ao sol da paixão tua alma pura!

Setembro – 1858.

---

5. Sem vírgula.

XLIII

NOIVADO

Filha do céu – oh flor das esperanças,
Eu sinto um mundo no bater do peito!
Quando a lua brilhar num céu sem nuvens
Desfolha rosas no virgíneo leito.

....

Nas horas do silêncio inda és mais bela!
Banhada do luar, num vago anseio,
Os negros olhos de volúpia mortos,[1]
Por sob a gaze te estremece o seio!

Vem! a noite é linda, o mar é calmo,
Dorme a floresta – meu amor só, vela;
Suspira a fonte e minha voz sentida
É doce e triste como as vozes dela.

---

1. Está sem vírgula depois de *mortos*.

Qual eco fraco de amorosa queixa
Perpassa a brisa na magnólia verde,
E o som magoado do tremer das folhas
Longe – bem longe – devagar se perde.

Que céu tão puro! que silêncio augusto!
Que aromas doces! que natura esta!
Cansada a terra adormecida sorrindo
Bem como a virgem no cair da sesta!

Vem! tudo é tranqüilo, a terra dorme,
Bebe o sereno o lírio do valado...
– Sozinhos, sobre a relva da campina,
Que belo que será nosso noivado!

Tu dormirás ao som dos meu cantares,[2]
Oh! filha do sertão! sobre o meu peito.
O moço triste, o sonhador mancebo
Desfolha rosas no teu casto leito.

....

... – *1858.*

---

2. A edição original não traz vírgula depois de *cantares.*

XLIV

DE JOELHOS

Qual reza o irmão pelas irmãs queridas,
Ou a mãe que sofre pela filha bela,
Eu – de joelhos – com as mãos erguidas,
Suplico ao céu a felicidade dela.

– "Senhor meu Deus, que sois clemente e justo,
Que dais voz às brisas e perfume à rosa,
Oh! protegei-a com o manto augusto
A doce virgem que sorri medrosa!

Lançai os olhos sobre a linda filha,
Dai-lhe o sossego no seu casto ninho,
E da vereda que seu pé já trilha
Tirai a pedra e desviai o espinho!

Senhor! livrai-a da rajada dura
A flor mimosa que desponta agora;
Deitai-lhe orvalho na corola pura,
Dai-lhe bafejos, prolongai-lhe a aurora!

As primaveras

A doce virgem como a tenra planta
Nunca floresce sobre terra ingrata;
– Bem como a rola – qualquer folha a espanta,
– Bem como o lírio – qualquer vento a mata.

Ela é a rola que a floresta cria,
Ela é o lírio que a manhã descerra...
Senhor, amai-a! – a sua voz macia
Como a das aves, a inocência encerra!

Sua alma pura na novel vertigem
Pede ao amor o seu futuro inteiro...
– Senhor! ouvi o suspirar da virgem,
Dourai-lhe os sonhos no sonhar primeiro!

A mocidade, como a deusa antiga,
Na fronte virgem lhe derrama flores...
– Abri-lhe as rosas da grinalda amiga,
Na mocidade derramai-lhe amores!

Cercai-a sempre de bondade terna,
Lançai orvalho sobre a flor querida;
Fazei-lhe, oh Deus! a primavera eterna,[1]
Dai-lhe bafejos – prolongai-lhe a vida!

Depois – de joelhos – eu direi: sois justo,[2]
Senhor! mil graças eu vos rendo agora!
Vós protegestes com o manto augusto
A doce virgem que a minh'alma adora! –

Dezembro – 1858.

---

1. Pusemos vírgula depois de *Fazei-lhe*.
2. Não há dois pontos depois de *direi*.

LIVRO TERCEIRO

Nascer, lutar, sofrer – eis toda a vida!

GONÇALVES DIAS

XLV

TRÊS CANTOS

Quando se brinca contente
Ao despontar da existência
Nos folguedos de inocência,
Nos delírios de criança;
A alma, que desabrocha
Alegre, cândida e pura –
Nessa contínua ventura
É toda um hino: – esperança!

Depois... na quadra ditosa,
Nos dias da juventude,
Quando o peito é um alaúde,
E que a fronte tem calor;
A alma que então se expande
Ardente, fogosa e bela –
Idolatrando a donzela
Soletra em trovas: – amor!

Mas quando a crença se esgota
Na taça dos desenganos,
E o lento correr dos anos
Envenena a mocidade;
Então a alma cansada
Dos belos sonhos despida,
Chorando a passada vida –
Só tem um canto: – saudade!

Fevereiro – 1858.

XLVI

ILUSÃO

Quando o astro do dia desmaia
Só brilhando com pálido lume,
E que a onda que brinca na praia
No murmúrio soletra um queixume;

Quando a brisa da tarde respira
O perfume das rosas do prado,
E que a fonte do vale suspira
Como o nauta afastado;

Quando o bronze da torre da aldeia
Seus gemidos aos ecos envia,
E que o peito que em mágoas anseia
Bebe louco essa harmonia;

Quando a terra, da vida cansada.
Adormece num leito de flores →

Qual donzela formosa embalada
Pelos cantos dos seus trovadores;

Eu de pé sobre as rochas erguidas
Sinto o pranto que manso desliza
E repito essas queixas sentidas
Que murmura as ondas co'a brisa.

É então que a minha alma dormente
Duma vaga tristeza se inunda,
E que um rosto formoso, inocente,
Me desperta saudade profunda.

Julgo ver sobre o mar sossegado
Um navio nas sombras fugindo,
E na popa esse rosto adorado
Entre prantos p'ra mim se sorrindo!

Compreendo esse amargo sorriso,
Sobre as ondas correr eu quisera...
E de pé sobre a rocha, indeciso,
Eu lhe brado: – não fujas, – espera!

Mas o vento já leva ligeiro
Esse sonho querido dum dia,
Essa virgem de rosto fagueiro,
Esse rosto de tanta poesia!...

E depois... quando a lua ilumina
O horizonte com luz prateada,
Julgo ver essa fronte divina
Sobre as vagas cismando, inclinada!

E depois... vejo uns olhos ardentes
Em delírio nos meus se fitando,
E uma voz em acentos plangentes
Vem de longe um – adeus – soluçando!
....

Ilusão!... que a minha alma, coitada,
De ilusões hoje em dia é que vive;
É chorando uma glória passada,
É carpindo uns amores que eu tive!

Lisboa – 1856.

XLVII

SONHANDO

Um dia, oh linda, embalada
Ao canto do gondoleiro,
Adormeceste inocente
No teu delírio primeiro,
– Por leito o berço das ondas,
Meu colo por travesseiro!

Eu, pensativo, cismava
Nalgum remoto desgosto,
Avivado na tristeza
Que a tarde tem, ao sol-posto,
E ora mirava as nuvens,
Ora fitava teu rosto.

Sonhavas então, querida,
E presa de vago anseio
Debaixo das roupas brancas →

Senti bater o teu seio,
E meu nome num soluço
À flor dos lábios te veio!

Tremeste como a tulipa
Batida do vento frio...
Suspiraste como a folha
Da brisa ao doce cicio...
E abriste os olhos sorrindo
Às águas quietas do rio!

Depois – uma vez – sentados
Sob a copa do arvoredo,
Falei-te desse soluço
Que os lábios abriu-te a medo...
– Mas tu, fugindo, guardaste
Daquele sonho o segredo!...

Agosto – 1858.

XLVIII

LEMBRANÇA

NUM ÁLBUM

Como o triste marinheiro
Deixa em terra uma lembrança,
Levando n'alma a esperança
E a saudade que consome,
Assim nas folhas do álbum
Eu deixo meu pobre nome.

E se nas ondas da vida
Minha barca for fendida
E meu corpo espedaçado,
Ao ler o canto sentido
Do pobre nauta perdido
Teus lábios dirão: – coitado!

Junho – 1858.

XLIX

O BAILE!

Se junto de mim te vejo
Abre-te a boca um bocejo,
Só pelo baile suspiras!
Deixas amor – pelas galas,
E vais ouvir pelas salas
Essas douradas mentiras!

Tens razão! Mais valem risos
Fingidos, desses Narcisos
– Bonecos que a moda enfeita -
Do que a voz sincera e rude
De quem, prezando a virtude,
Os atavios rejeita.

Tens razão! – Valsa, donzela,
A mocidade é tão bela,
E a vida dura tão pouco! →

No burburinho das salas,
Cercada de amor e galas,
Sê tu feliz – eu sou louco!

E quando eu seja dormindo
Sem luz, sem voz, sem gemido
No sono que a dor conforta;
Ao concertar tuas tranças
No meio das contradanças
Diz tu sorrindo: "– Qu'importa?...

"Era um louco, em noites belas
"Vinha fitar as estrelas
"Nas praias, co'a fronte nua!
"Chorava canções sentidas
"E ficava horas perdidas
"Sozinho, mirando a lua!

"Tremia quando falava
"E – pobre tonto – chamava
"O baile – alegrias falsas!
"– Eu gosto mais dessas falas
"Que me murmuram nas salas
"No ritonelo das valsas. –"

Tens razão! – Valsa, donzela,
A mocidade é tão bela
E a vida dura tão pouco!
P'ra que fez Deus as mulheres,
P'ra que há na vida prazeres?
Tu tens razão... eu sou louco!

Sim, valsa, é doce a alegria,
Mas ai! que eu não veja um dia
No meio de tantas galas –
Dos prazeres na vertigem,
A tua coroa de virgem
Rolando no pó das salas!...

Julho – 1858.

L

MINH'ALMA É TRISTE

Mon coeur est plein – je veux pleurer!
LAMARTINE

I.

Minh'alma é triste como a rola aflita
Que o bosque acorda desde o albor da aurora
E em doce arrulo que o soluço imita
O morto esposo gemedora chora.

E, como a rola que perdeu o esposo,
Minh'alma chora as ilusões perdidas,
E no seu livro de fanado gozo
Relê as folhas que já foram lidas.

E como notas de chorosa endeixa[1]
Seu pobre canto com a dor desmaia, →

---

1. Vide nota 1, p. 212.

E seus gemidos são iguais à queixa
Que a vaga solta quando beija a praia.

Como a criança que banhada em prantos
Procura o brinco que levou-lhe o rio,
Minh'alma quer ressuscitar nos cantos
Um só dos lírios que murchou o estio.

Dizem que há gozos nas mundanas galas
Mas eu não sei em que o prazer consiste.
– Ou só no campo, ou no rumor das salas,
Não sei por que – mas a minh'alma é triste![2]

II.

Minh'alma é triste como a voz do sino
Carpindo o morto sobre a laje fria:
E' doce e grave qual no templo um hino,
Ou como a prece ao desmaiar do dia.

Se passa um bote com as velas soltas,
Minh'alma o segue n'amplidão dos mares;
E longas horas acompanha as voltas
Das andorinhas recortando os ares.

Às vezes, louca, num cismar perdida,
Minh'alma triste vai vagando à toa,
Bem como a folha que do sul batida
Bóia nas águas de gentil lagoa!

---

2. Está *porque*.

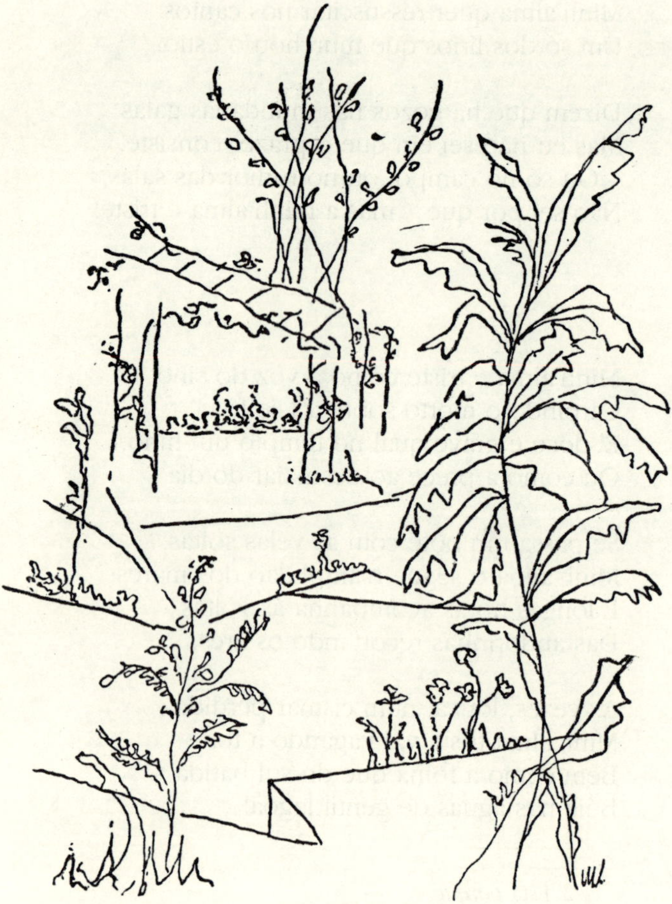

E como a rola que em sentido queixa
O bosque acorda desde o albor da aurora,
Minh'alma em notas de chorosa endeixa
Lamenta os sonhos que já tive outrora.

Dizem que há gozos no correr dos anos!...
Só eu não sei em que o prazer consiste.
– Pobre ludíbrio de cruéis enganos,
Perdi os risos – a minh'alma é triste!

III.

Minh'alma é triste como a flor que morre
Pendida à beira do riacho ingrato;
Nem beijos dá-lhe a viração que corre,
Nem doce canto o sabiá do mato!

E como a flor que solitária pende
Sem ter carícias no voar da brisa,
Minh'alma murcha, mas ninguém entende
Que a pobrezinha só de amor precisa!

Amei outrora com amor bem santo
Os negros olhos de gentil donzela,
Mas dessa fronte de sublime encanto
Outro tirou a virginal capela.

Oh! quantas vezes a prendi nos braços!
Que o diga e fale o laranjal florido!
Se mão de ferro espedaçou dois laços
Ambos choramos mas num só gemido!

Dizem que há gozos no viver d'amores,
Só eu não sei em que prazer consiste!
– Eu vejo o mundo na estação das flores...
Tudo sorri – mas a minh'alma é triste!

IV.

Minh'alma é triste como o grito agudo
Das arapongas no sertão deserto;
E como o nauta sobre o mar sanhudo,
Longe da praia que julgou tão perto!

A mocidade no sonhar florida
Em mim foi beijo de lasciva virgem:
– Pulava o sangue e me fervia a vida,
Ardendo a fronte em bacanal vertigem.

De tanto fogo tinha a mente cheia!...
No afã da glória me atirei com ânsia...
E, perto ou longe, quis beijar a s'reia
Que em doce canto me atraiu na infância.

Ai! loucos sonhos de mancebo ardente!
Esp'ranças altas... Ei-las já tão rasas!...
– Pombo selvagem, quis voar contente...
Feriu-me a bala no bater das asas!

Dizem que há gozos no correr da vida...
Só eu não sei em que o prazer consiste
– No amor, na glória, na mundana lida,
Foram-se as flores – a minh'alma é triste!

Março 12 – 1858.

LI

PALAVRAS A ALGUÉM

Tu folgas travessa e louca
Sem ouvires meu lamento,
Sonhas jardins d'esmeralda
Nesse virgem pensamento,
Mas olha que essa grinalda
Bem pode murchá-la o vento!

Ai que louca! abriste o livro
Da minh'alma, livro santo,
Escrito em noites d'angústia,
Regado com muito pranto,
E... quase rasgaste as folhas
Sem entenderes o canto!

Agora corres nos charcos
Em vez das alvas areias!...
Deleita-te a voz fingida →

Dessas formosas sereias...
Mas eu te falo e te aviso:
– "Olha que tu te enlameias!" –

Tu és a pomba inocente,
Eu sou teu anjo-da-guarda,
Devo dizer-te baixinho:
– "Olha que a morte não tarda!
"Mariposa dos amores,[1]
"Deixa a luz, embora arda.

"A chama seduz e brilha
– "Qual diamante entre as gazas –
"E tu no fogo maldito
"Tão descuidosa te abrasas!
"Mariposa, mariposa,
"Tu vais queimar tuas asas!"

Conchinha das lisas praias,[2]
Nasceste em alvas areias,
Não corras tu para os charcos
Arrebatada nas cheias!...
– Os teus vestidos são brancos...
Olha que tu te enlameias!...

... – *1858.*

---

1. Acrescentamos a vírgula no final do verso.
2. Sem vírgula, na edição original.

LII

FOLHA NEGRA

Sinhá,
    Um outro mancebo
Alegre, poeta e crente,
Soltara um canto fervente
De amor talvez! – de alegria,
E aqui nas folhas do livro
Deixara – amor e poesia.

Mas eu que não tenho risos
Nem alegrias tampouco,
Nem sinto esse fogo louco
Que a mocidade consome,
Nas brancas folhas do livro
Só posso deixar meu nome!

É triste como um gemido,
É vago como um lamento; →

– Queixume que solta o vento
Nas pedras duma ruína
Na hora em que o sol se apaga
E quando o lírio s'inclina!...

Grito de angústia do pobre
Que sobre as águas se afoga,
Cadáver que bóia e voga
Longe da praia querida,
Grito de quem n'agonia
– Já morto – se apega à vida!

Vozes de flauta longínqua
Que as nossas mágoas aviva,
Soluços da patativa,
Queixume do mar que rola,
Cantiga em noite de lua
Cantada ao som da viola!...

Saudades do pegureiro
Que chora o seu lar amado,
– Calado e só – recostado
Na pedra dalgum caminho...
Canção de santa doçura
Da mãe que embala o filhinho!...

Meu nome!... É simples e pobre
Mas é sombrio e traz dores,
– Grinalda de murchas flores
Que o sol queima e não consome...
– Sinhá!... das folhas do livro
É bom tirar o meu nome!...

Setembro – 1858.

LIII

À MORTE DE AFONSO DE A. COUTINHO MESSEDER

ESTUDANTE DA ESCOLA CENTRAL

Who hath not lost a friend.

M.

É triste ver a flor que desabrocha
Ou quer no prado, ou na deserta rocha,
    Pender no fraco hastil!
É bem triste dos anos nos verdores
Morrer mancebo, no brotar das flores,
    Na quadra juvenil!

Meu Deus! tu que és tão bom e tão clemente,
P'ra que apagas, Senhor, a chama ardente
    Num crânio de vulcão?
P'ra que poupas o cedro já vetusto →

E, sem dó, vais ferir o pobre arbusto
  Às vezes no embrião?!...

Pois não fora melhor vivesse a planta
Cujo perfume a solidão encanta
  No sossego do val?...
– Não veríamos nós neste martírio
Desfalecer tão belo o pobre lírio
  Pendido ao vendaval!

Pobre mancebo! Nesse peito nobre
E nessa fronte que o sepulcro cobre
  Era funo o sentir!
Agora solitário tu descansas.
E contigo esse mundo de esperanças
  Tão rico de porvir!

Oh! lamentemos essa pura estrela
Sumida, como no horizonte a vela
  Nas névoas da manhã!
A sepultura foi há pouco aberta...
Mas o dormente já se não desperta
  À voz de sua irmã!

É mudo aquele a quem irmão chamamos,
E a mão que tantas vezes apertamos
  Agora é fria já!
Não mais nos *bancos* esse rosto amigo
Hoje escondido no fatal jazigo
  Conosco sorrirá!

Mancebo, atrás da glória que sorria,
Sonhou grandezas para a pátria um dia, →

E a ela os sonhos deu;
Mártir do estudo, na ciência ingrata
Bebeu nos livros esse fel que mata
E pobre adormeceu!

Era bem cedo! – na manhã da vida
Chegar não pôde à terra prometida
Que ao longe lhe sorriu!
Embora desta estrada nos espinhos
Feliz tivesses os maternais carinhos,
Cansado sucumbiu!

Era bem cedo! – Tanta glória ainda
O esperava, meu Deus, na aurora linda
Que a vida lhe dourou!
Pobre mancebo! no fervor dessa alma
Ao colher do fruto a verde palma
Na cova tropeçou!

Dorme pois! Sobre a campa mal cerrada,
Nós que sabemos que esta vida é nada
Choramos um irmão;
E d'envolta c'os prantos da amizade
Aqui trazemos, nos goivos da saudade,
As vozes do coração!

Eu que fui teu amigo inda na infância,
Quando a alma das rosas na fragrância
Bendizem só a Deus –
Hoje venho nas cordas do alaúde
Sentindo e grave, à beira do ataúde
Dizer-te o extremo adeus!

Descansa! se no céu há luz mais pura,
De certo gozarás nessa ventura
 Do justo a placidez!
Se há doces sonhos no viver celeste,
Dorme tranqüilo à sombra do cipreste...
 – Não tarda a minha vez!

Maio – 1858.

LIV

BERÇO E TÚMULO

NO ÁLBUM DUMA MENINA

Trago-te flores no meu canto amigo
– Pobre grinalda com prazer tecida –
E – todo amores – deposito um beijo
Na fronte pura em que desponta a vida.

É cedo ainda! – quando moça fores
E percorreres deste livro os cantos,
Talvez que eu durma solitário e mudo
– Lírio pendido a que ninguém deu prantos! –

Então, meu anjo, compassiva e meiga
Despõe-me um goivo sobre a cruz singela,
E nesse ramo que o sepulcro implora
Paga-me as rosas desta infância bela!

Junho – 1858.

LV

INFÂNCIA

***

O anjo da loura trança,
    Que esperança
Nos traz a brisa do sul!
– Correm brisas das montanhas...
    Vê se apanhas
A borboleta azul!...

Ó anjo da loura trança,
    És criança,
A vida começa a rir.
– Vive e folga descansada,
    Descuidada
Das tristezas do porvir.

Ó anjo da loura trança,
    Não descansa →

A primavera inda em flor;
Por isso aproveita a aurora
    Pois agora
Tudo é riso e tudo amor.

Ó anjo da loura trança,
    A dor lança
Em nossa alma agro descrer.
– Que não encontres na vida,[1]
    Flor querida,
Senão contínuo prazer.

Ó anjo da loura trança,
    A onda é mansa,[2]
O céu é lindo dossel;
E sobre o mar tão dormente,
    Docemente
Deixa correr teu batel.

Ó anjo da loura trança,
    Que esperança
Nos traz a brisa do sul!...
– Correm brisas das montanhas...
    Vê se apanhas
A borboleta azul!...

Rio – 1858.

---

1. Pusemos vírgula depois de *vida*.
2. Está sem vírgula depois de *mansa*.

LVI

A UMA PLATÉIA

**

O cedro foi planta um dia,
Viço e força o arbusto cria,
Da vergôntea nasce o galho;
E a flor p'ra ter mais vida,
Para ser – rosa querida –
Carece as gotas de orvalho.

Com o talento é o mesmo:
Quando tímido ele adeja
– Qual ave que se espaneja –
Como a flor, também precisa
Em vez de sopro da brisa
O sopro da simpatia
Que lhe adoce os amargores,
Para em hora de cansaço
Na estrada que vai trilhando →

Encontrar de quando em quando
Por entre os espinhos – flores.

E vós acabais de ouvi-lo
A suspirar nesse trilo
No seu gorjeio primeiro;
Vós, que viste' o seu começo,[1]
Dai-lhe essas palmas de apreço
Que é artista e... brasileiro!

Setembro – 1858.

---

1. Está *viste*. A correção para *vistes* implica a eliminação do artigo o, como fizeram algumas edições posteriores. A fim de conservar o verso em sua justa medida e respeitar o texto da edição princeps, colocamos o apóstrofo para indicar a supressão do s final de *vistes*.

LVII

NO TÚMULO DUM MENINO

Um anjo dorme aqui; na aurora apenas,
Disse adeus ao brilhar das açucenas
Sem ter da vida alevantado o véu.
– Rosa tocada do cruel granizo –
Cedo finou-se e no infantil sorriso
Passou do berço p'ra brincar no céu!

Maio – 1858.

LVIII

A. J. J. C. MACEDO JÚNIOR

Poète, prends ta lyre; aigle, ouvre ta jeune aile;
Étoile, étoile, lève-toi!

V. Hugo

Como o índio a saudar o sol nascente,
Co'o sorriso nos lábios, franco e ledo
   Aperto a tua mão:
Cantor das açucenas, crê-me agora,
Este canto que a lira balbucia
   É pobre, mas de irmão!

Quando se sente como eu sinto e sofro,
A mente ferve e o coração palpita
   De glórias e de amor:
Se ouço Artur ao piano eu me extasio,
Mas ouvindo teus hinos me arrebato
   E pasmo ante o cantor!

Na juventude, no florir dos anos,
Não sei que vozes no entornam n'alma
    Canções de querubim!
Uns perdem, como eu, cedo os verdores,
Mas outros crescem no primor das graças
    E tu serás assim!

Oh! mocidade! como és bela e rica!
Hinos de amores neste séc'lo bruto!
    Louvor ao menestrel!
Palmas a ti, cantor das açucenas!
Quatorze primaveras nessa fronte
    Semelham-te um laurel!

Quando tão moço, no raiar da vida,
Já doce cantas como o doce aroma
    Das lânguidas cecéns,
Podes, criança, erguer a fronde altiva!
Como André-Chénier, no crânio augusto
    Alguma cousa tens!

Não desmintas, irmão, este profeta,
Sibarita indolente, sobre rosas
    Não queiras tu dormir,
Se ao longe já brilha amiga estrela
Aproveita o talento – estuda e pensa –
    É belo o teu porvir!

Não faças como nós; na infância apenas
Solta, poeta, o gorjear de amores,[1] →

---

1. Pusemos as três vírgulas neste verso.

Que é doce o teu cantar.
Seja a vida p'ra ti só riso e galas
E adormeças a cismar quimeras
    Da noite no luar.

Não faças como nós; não desças louco
A buscar sensações na bruta orgia
    Das longas saturnais;
Se a lama impura salpica-te as penas,
Sacode as asas, minha pomba casta,[2]
    E foge dos pardais.

Não manches, meu poeta, as vestes brancas[3]
No mundo infame; mirra-se a grinalda
    E vão-se as ilusões!
A crença se desbota e o nauta chora
Desanimado no vai-vém teimoso
    Dos grossos vagalhões!

Foge do canto da gentil sereia
Que engana com sorriso de feitiços
    – Tão pálida Raquel!
Não encostes na taça os lábios sôfregos...
O vaso queima e beberás nos risos
    Da amargura o fel!

Conserva na tua alma a virgindade,
E tenha o coração na rica aurora →

---

    2. A edição original não traz vírgula depois de *asas* e de *casta*.
    3. Sem vírgula depois de *manches* e de *poeta*.

Das rosas o matiz;
Se donzela cuspir nos teus amores
Chora perdida essa ilusão primeira...
　　Mas vive e sê feliz!

Se a dor for grande não te vergues fraco,
Oh! não escondas no sepulcro a fronte
　　Aos raios deste sol;
Não vás como Azevedo – o pobre gênio –
Embrulhar-te sem dó na flor dos anos
　　Da morte no lençol!

Vive e canta e ama esta natura,
A pátria, o céu azul, o mar sereno,
　　A veiga que seduz;
E possa, meu poeta, essa existência[4]
Ser um lindo vergel todo banhado
　　De aromas e de luz!

Oh! canta e canta sempre! esses teus hinos,[5]
Eu sei, terão no céu ecos mais santos
　　Que a terra não dará;
Oh! canta! é doce ao triste que soluça
Ouvir saudoso ao cair da tarde
　　A voz do sabiá!

Canta! e que teus hinos d'esperança
Despertem deste mundo de misérias →

---

4. Não há vírgula depois de *possa* e de *poeta*.
5. Pusemos vírgula no final do verso...

A estúpida mudez;
E dos prelúdios dessa lira ingênua
Em poucos anos surgirá brilhante
    Milevoye – talvez!

Maio – 1858.

LIX

UMA HISTÓRIA

A brisa dizia à rosa:
   – "Dá, formosa,
Dá-me, linda, o teu amor;
Deixa eu dormir no teu seio
   Sem receio,
Sem receio, minha flor![1]

De tarde virei da selva
   Sobre a relva
Os meus suspiros te dar;
E de noite na corrente
   Mansamente,[2]
Mansamente me embalar!" –

---

1. Sem vírgula depois de *receio*.
2. A edição original não traz vírgula.

E a rosa dizia à brisa:
    – "Não precisa
Meu seio dos beijos teus;
Não te adoro... és inconstante...
    Outro amante,
Outro amante aos sonhos meus!

Tu passas de noite e dia
    Sem poesia
A repetir-me os teus ais;
Não te adoro... quero o Norte
    Que é mais forte,
Que é mais forte e eu amo mais!" –

No outro dia a pobre rosa
    Tão vaidosa
No hastil se debruçou;
Pobre dela! – Teve a morte
    Porque o Norte,[3]
Porque o Norte a desfolhou!...

Novembro – 1858.

---

3. Falta a vírgula.

LX

NO LEITO

M***

Se eu morresse amanhã!

A. DE AZEVEDO

I.

Eu sofro; – o corpo padece
E minh'alma se estremece
Ouvindo o dobrar dum sino!
Quem sabe? – a vida fenece
Como a lâmpada no templo
Ou como a nota dum hino!

A febre me queima a fronte
E dos túmulos a aragem
Roçou-me a pálida face; →

Mas no delírio e na febre
Sempre teu rosto contemplo,
E serena a tua imagem
Vela à minha cabeceira,
Rodeada de poesia,
Tão bela como no dia
Em que vi-te a vez primeira!

Teu riso a febre me acalma;
– Ergue-se viva a minh'alma
Sorvendo a vida em teus beijos
Como o saibo dos licores,
E na voz, que é toda amores,
Como um bálsamo bendito,
Ouvindo-a, eu pobre palpito,
Sou feliz e esqueço as dores.

II.

Se a morte colher-me em breve,
Pede ao vento que te leve
O meu suspiro final;
– Será queixoso e sentido,
Como da rola o gemido
Nas moitas do laranjal.

Quisera a vida mais longa
Se mais longa Deus me dera,
Porque é linda a primavera,
Porque é doce este arrebol,
Porque é linda a flor dos anos
Banhada da luz do sol! →

Mas se Deus cortar-me os dias
No meio das melodias,
Dos sonhos da mocidade,
Minh'alma tranqüila e pura
À beira da sepultura
Sorrirá à eternidade.

Tenho pena... sou tão moço!
A vida tem tanto enlevo!
Oh! que saudades que levo
De tudo que eu tanto amei!
– Adeus, oh! sonhos dourados,[1]
Adeus, oh! noites formosas,
Adeus, futuro de rosas
Que nos meus sonhos criei!

Ao menos, nesse momento
Em que o letargo nos vem
Na hora do passamento,
No suspirar da agonia
Terei a fronte já fria
No colo de minha mãe!

....

III.

Mas eu bendigo estas dores,
Mas eu abençôo o leito
Que tantas mágoas me dá, →

---

1. Pusemos vírgula depois de *Adeus*, neste e nos dos versos seguintes.

Se me jurares, querida,
Que meu nome no teu peito
Morto embora – viverá!
– Que às vezes na cruz singela
Tu irás pálida e bela
Desfolhar uma saudade!
– Que de noite, ao teu piano,
Na voz que a paixão desata,
Chorarás a – Traviata

Que eu dantes amava tanto
Nas ânsias do meu amor!
– E que darás compassiva
Uma gota do teu pranto
À memória morta ou viva
Do teu pobre sonhador!

Bendita, bendita sejas,
Se nas notas benfazejas
Tua alma falar co'a minha
Nessa linguagem do céu
Que o pensamento adivinha!
Eu – o filho da poesia –
Dormirei no meu sepulcro,
Embalado em harmonia
Ao som do piano teu!

IV.

Que tem a morte de feia?!
– Branca virgem dos amores,
Toucada de murchas flores, →

Um longo sono nos traz;
E o triste que em dor anseia
– Talvez morto de cansaço –
Vai dormir no seu regaço
Como num claustro de paz!

Oh! virgem das sepulturas,
Teu beijo mata as venturas
Da terra, mas rega o véu
Que a eternidade nos vela;
E nós – os filhos do erro –
Libertos deste desterro,
Vamos contigo, donzela,
No branco leito de pedra,
Onde a música não medra,
Sonhar os sonhos do céu!...

Há tantas rosas nas campas!
Tanta rama nos ciprestes!
Tanta dor nas brancas vestes!
Tanta doçura ao luar!
– Que ali o morto poeta
Nos seus íntimos segredos,
À sombra dos arvoredos
Pode viver a sonhar!

V.

Assim, – se amanhã, se logo,
Sentires na face amada
Passar um sopro de fogo
Que te queime o coração, →

E uma mão fria e gelada
Comprimir a tua mão
Frisando os cabelos teus;
– Não tenhas tu vãos temores,
Pois é minh'alma, querida,
Que ao desprender-se da vida,
– Toda saudades e amores –
Vai dizer-te o extremo – adeus!...

Agosto – 1858.

LXI

POIS NÃO É?!

Ver cair o cedro anoso
Que campeava na serra,
Ver frio baixar à terra
O pobre velho bondoso
Que procurando repouso
Tropeçou na sepultura;
É triste, sim é verdade,
Mas não tão grande a saudade
Nem a dor tão funda e dura,
Pois que ao velho e ao cedro altivo
Partindo a voz da procela,
No mundo, – jardim lascivo –
A vida foi longa e bela.
Mas ver a rosa do prado
Que a aurora deu cor e vida,[1] →

---

1. As edições posteriores trazem crase sobre o *a* o que, indiscutivelmente, empresta maior beleza ao verso.

De manhã – flor do valado,
De tarde – rosa pendida!...
Mas ver a pobre mangueira
Na primavera primeira
Crescendo toda enfeitada
De folhas, perfume e flor,
Ouvindo o canto do amor,
No sopro da viração;
Mas vê-la depois lascada
Em duas cair no chão!...

Mas ver o pobre mancebo
Em que a seiva reluz,
No sonho cândido e puro,[2]
Nas glórias do seu futuro
Dourando a vida de luz;
Mas vê-lo quando a sua alma
Ao som d'ignota harmonia
Se derramava em poesia;
Quando junto da donzela
– Cativo dos olhos dela –
Na voz que balbuciava
De amores falava a medo; →

O Professor Sousa da Silveira, justificando a inclusão do acento, recorda-se dos seguintes versos de Camões (*Lusíadas*, IX, 61.):
"Pera julgar difícil cousa fôra,
No céu vendo e na terras as mesmas côres,
Se dava às flores côr a bela Aurora
Ou se *Iba dão a ela as belas flores.*"
Na dúvida, entretanto, deixamos como está na edição de 1859, isto é, sem crase.
2. Acrescentamos a vírgula no final do verso.

Quando o peito transbordava
De crenças, de amor, de fé,
Vê-lo finar-se tão cedo,
Como as vozes dum segredo...
É dor de mais – pois não é?!...

Indaiaçu – 1857.

LXII

NA ESTRADA

CENA CONTEMPORÂNEA

Eu vi o pobre velho esfarrapado
– Cabeça branca – sentado pensativo
    Dum carvalho ao pé;
Esmolava na pedra dum caminho,
Sem família, sem pão, sem lar, sem ninho,
    E rico só na fé!

Era tarde; ao toque do mosteiro
Seu lábio a murmurar rezava baixo,
    – Ao lado o seu bordão;
E o sol, no raio extremo, lhe dourava
Sobre a fronte senil a dupla c'roa
    De pobre e de ancião!

E o *homem de metal* vinha sorrindo
Contando ao companheiro os gordos lucros →

Na usura de judeus;
O mendigo estendeu a mão mirrada,
E pediu-lhe na voz entrecortada:
 – Uma esmola, por Deus!

O *homem de metal*, embevecido
Em sonhos de milhões, por junto à pedra,[1]
 Sem responder, passou!
O pobre recolheu a mão vazia...
O anjo tutelar velou seu rosto
 Mas – Satanás folgou!

Rio – 1858.

---

1. Não há vírgula, na edição original, depois de *pedra*.

LXIII

NO JARDIM

CENA DOMÉSTICA

Tête sacrée! enfant aux cheveux blonds!

V. Hugo

Ela estava sentada em meus joelhos
E brincava comigo – o anjo louro,
E passando as mãozinhas no meu rosto
Sacudia rindo os seus cabelos d'ouro.

E eu, fitando-a, abençoava a vida!
Feliz sorvia nesse olhar suave
Todo o perfume dessa flor da infância,
Ouvia alegre o gazear dessa ave!

Depois, a borboleta na campina
Toda azul – como os olhos grandes dela – →

A doucejar gentil passou bem junto
E beijou-lhe da face a rosa bela.

– Oh! como é linda! disse o louro anjinho
No doce acento da virgínia fala –
Mamãe me ralha se eu ficar cansada
Mas – dizia a correr – hei de apanhá-la! –

Eu segui-a chamando-a, e ela rindo
Mais corria gentil por entre as flores,
E a – flor dos ares – abaixando o vôo
Mostrava as asas de brilhantes cores.

Iam, vinham, à roda das acácias,
Brincavam no rosal, nas violetas,
E eu de longe dizia: – Que doidinhas!
Meu Deus! meu Deus! são duas borboletas!... –

Dezembro – 1858.

LXIV

RISOS

Ri, criança, a vida é curta,
O sonho dura um instante.
Depois... o cipreste esguio
Mostra a cova ao viandante!

A vida é triste – quem nega?
– Nem vale a pena dizê-lo.
Deus a parte entre seus dedos
Qual um fio de cabelo!

Como o dia, a nossa vida
Na aurora é – toda venturas,
De tarde – doce tristeza,
De noite – sombras escuras!

A velhice tem gemidos,
– A dor das visões passadas – →

As primaveras

A mocidade – queixumes,
Só a infância tem risadas!

Ri, criança, a vida é curta,
O sonho dura um instante.
Depois... o cipreste esguio
Mostra a cova ao viandante!

Rio – 1858.

LIVRO NEGRO

HORAS TRISTES

I

Eu sinto que esta vida já me foge
   Qual d'harpa o som final,
E não tenho, como o náufrago das ondas,[1]
   Nas trevas um fanal!

Eu sofro e esta dor que me atormenta
   É um suplício atroz!
E p'ra contá-la falta à lira cordas
   E aos lábios meus a voz!

Às vezes, no silêncio da minh'alma,
   Da noite na mudez,
Eu crio na cabeça mil fantasmas
   Que aniquilo outra vez!

---

1. Pusemos vírgula depois de *ondas*.

Dói-me inda a boca que queimei sedento
    Nas esponjas de fel,
E agora sinto no bulhar da mente
    A torre de Babel!

Sou triste como o pai que as belas filhas
    Viu lânguidas morrer,
E já não pousam no meu rosto pálido
    Os risos de prazer!

E contudo, meu Deus! eu sou bem moço,
    Devera só me rir,
E ter fé e ter crença nos amores,
    Nas glórias e no porvir!

Eu devera folgar nesta natura
    De flores e de luz,
E, mancebo, voltar-me pr'o futuro,[2]
    Estrela que seduz!

Agora em vez dos hinos d'esperança,
    Dos cantos juvenis,
Tenho a sátira pungente, o riso amargo,
    O canto que maldiz!

Os outros – os felizes deste mundo,
    Deleitam-se em saraus;
Eu solitário sofro e odeio os homens,
    P'ra mim todos são maus!

---

2. Falta a vírgula no final do verso.

Eu olho e vejo... – a veiga é de esmeralda,
   O céu é todo azul.
Tudo canta e sorri... só na minh'alma
   O lodo dum paul!

Mas se ela – a linda filha do meu sonho,
   A pálida mulher
Das minhas fantasias, dos seus lábios
   Um riso, um só me der;

Se a doce virgem pensativa e bela,
   – A pudica vestal
Que eu criei numa noite de delírio
   Ao som da saturnal;

Se ela vier enternecida e meiga
   Sentar-se junto a mim;
Se eu ouvir sua voz mais doce e terna
   Que um doce bandolim;

Se o seu lábio afagar a minha fronte
   – Tão férvido vulcão!
E murmurar baixinho ao meu ouvido
   As falas da paixão;

Se cair desmaiada nos meus braços
   Morrendo em languidez,
De certo remoçado, alegre e louco
   Sentira-me talvez!...

Talvez que eu encontrasse as alegrias
  Dos tempos que lá vão,
E afogasse na luz da nova aurora
  A dor do coração!

Talvez que nos meus lábios desmaiados
  Brilhasse o seu sorrir,
E de novo, meu Deus, tivesse crença
  Na glória e no porvir!

Talvez minh'alma ressurgisse bela
  Aos raios desse sol.
E nas cordas da lira seus gorjeios
  Trinasse um rouxinol!

Talvez então que eu me pegasse à vida
  Com ânsia e com ardor,
E pudesse aspirando os seus perfumes
  Viver do seu amor!

P'ra ela então seria a minha vida,
  A glória, os sonhos meus;
E dissera chorando arrependido:
  – Bendito seja Deus! –

Abril – 1858.

DORES

II

Há dores fundas, agonias lentas,
Dramas pungentes que ninguém consola,
    Ou suspeita sequer!
Mágoas maiores do que a dor dum dia,
Do que a morte bebida em taça morna
    De lábios de mulher!

Doces falas de amor que o vento espalha,
Juras sentidas de constância eterna
    Quebradas ao nascer;
Perfídia e olvido de passados beijos...
São dores essas que o tempo cicatriza
    Dos anos no volver.

Se a donzela infiel nos rasga as folhas
Do livro d'alma, magoado e triste
    Suspira o coração; →

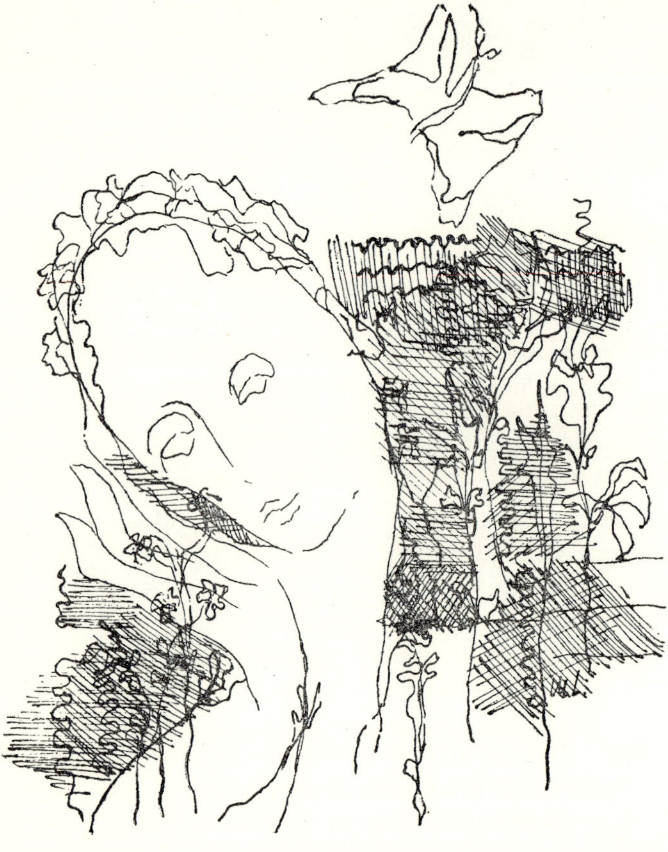

Mas depois outros olhos nos cativam,
E loucos vamos em delírios novos
    Arder noutra paixão.

Amor é o rio claro das delícias
Que atravessa o deserto, a veiga, o prado,
    E o mundo todo o tem!
Que importa ao viajor que a sede abrasa,
Que quer banhar-se nessas águas claras,
    Ser aqui ou além?

A veia corre, a fonte não se estanca,
E as verdes margens não se crestam nunca
    Na calma dos verões;
Ou quer na primavera, ou quer no inverno,
No doce anseio do bulir das ondas
    Palpitam corações.

Não! a dor sem cura, a dor que mata,
É, moço ainda, e perceber na mente
    A dúvida a sorrir!
É a perda dura dum futuro inteiro
E o desfolhar sentido das gentis coroas,
    Dos sonhos do porvir!

É ver que nos arrancam uma a uma
Das asas do talento as penas de ouro,
    Que voam para Deus!
É ver que nos apagam d'alma as crenças
E que profanam o que santo temos
    Co'o riso dos ateus!

É assistir ao desabar tremendo,
Num mesmo dia, d'ilusões douradas, →

Tão cândidas de fé!
É ver sem dó a vocação torcida
Por quem devera dar-lhe alento e vida
E respeitá-la até!

É viver, flor nascida nas montanhas,
Para aclimar-se, apertada numa estufa
À falta de ar e luz!
É viver tendo n'alma o desalento,
Sem um queixume, a disfarçar as dores
Carregando a cruz!

Oh! ninguém sabe como a dor é funda,
Quanto pranto s'engole a quanta angústia[1]
A alma nos desfaz!
Horas há em que a voz quase blasfema...
E o suicídio nos acena ao longe
Nas longas saturnais!

Definha-se a existência a pouco e pouco,
E o lábio descorado o riso franco
Qual dantes, já não vem;
Um véu nos cobre de mortal tristeza,
E a alma em luto, despida dos encantos,
Amor nem sonhos tem!

Murcha-se o viço do verdor dos anos,
Dorme-se moço e despertamos velho,
Sem fogo para amar!
E a fronte jovem que o pesar sombreia →

---

1. Suprimimos a vírgula que está depois de *angústia*.

Vai, reclinada sobre um colo impuro,
   Dormir no lupanar!

Ergue-se a taça do festim da orgia,
Gasta-se a vida em noites de luxúria
   Nos leitos dos bordéis,
E o veneno se sorve a longos tragos
Nos seios brancos e nos lábios frios
   Das lânguidas Frinés!

Esquecimento! – mortalha para as dores –
Aqui na terra é a embriaguez do gozo,
   A febre do prazer:
A dor se afoga no fervor dos vinhos,
E no regaço das Margôs modernas
   É doce então morrer!

Depois o mundo diz: – Que libertino!
A folgar no delírio dos alcouces
   As asas empanou! –
Como se ele, algoz das esperanças,
As crenças infantis e a vida d'alma
   Não fosse quem matou!...

....

Oh! há dores tão fundas como o abismo,
Dramas pungentes que ninguém consola
   Ou suspeita sequer!
Dores na sombra, sem carícias d'anjo,
Sem voz de amigo, sem palavras doces,
   Sem beijos de mulher!...

Rio – 1858.

***

III

Pobre criança que te afliges tanto
Porque sou triste e se chorar me vês,
E que borrifas com teu doce pranto
Meus pobres hinos sem calor, talvez;

Deus te abençoe, querubim formoso,
Branca açucena que o paul brotou!
Teu pranto é gota de celeste gozo
Na úlcera funda que ninguém curou.

Pálido e mudo e do caminho em meio
Sentei-me à sombra sofredor e só!
Do choro a baga umedeceu-me o seio,
Da estrada a gente me cobriu de pó!

Meus tristes cantos comecei chorando,
Santas endechas, doloridos ais...[1] →

---

1. Está *endeixas*, forma única em Casimiro de Abreu. Na poesia "Minh'alma é triste", mantivemos, as duas vezes

E a turba andava! Só de vez em quando
Lânguido rosto se volvia atrás!

E a louca turba que passou sorrindo
Julgava um hino o que eu chamava um ai!
Alguém murmurava: – Como o canto é lindo! –
Sorri-se um pouco e caminhando vai!

Bendito sejas, querubim de amores,
Branca açucena que o paul brotou!
Teu pranto é gota que mitiga as dores
Da úlcera funda que ninguém curou!

Há na minh'alma alguma cousa vago,
Desejos, ânsias, que explicar não sei:
Talvez – desejos – dalgum lindo lago,
– Ânsias – dum mundo com que já sonhei...

E eu sofro, oh anjo; na cruel vigília
O pensamento inda redobra a dor,
E passa linda do meu sonho a filha,[2]
Soltas as tranças a morrer de amor!

E louco sigo por desertos mares,
Por doces veigas, por um céu de azul;
Pouso com ela nos gentis palmares
À beira d'água, nos vergéis do sul!...

---

que aparece, a grafia do autor, em atenção à rima perfeita com *queixa*.
    2. Pusemos vírgula depois de *filha*.

E a virgem foge... e a visão se perde
Por outros climas, noutro céu de luz;
E eu – desperto do meu sonho verde –
Acordo e choro carregando a cruz!

Pobre poeta! na manhã da vida
Nem flores tenho, nem prazer também!
– Rosto mendigo que não tem guarida –
Tímido espreito quando a noite vem!

Bendita sejas, querubim de amores,
Branca açucena que o paul brotou!
Teu doce pranto me acalenta as dores
Da úlcera funda que ninguém curou!

A minha vida era areal despido
De relva e flor e na estação louçã!
Tu foste o lírio que nasceu, querido,
Entre a neblina de gentil manhã.

Em ondas mortas meu batel dormia,
Chorava o pano à viração sutil,
Mas veio o vento no correr do dia
E, leve, o bote resvalou no anil.

Eu era a flor do escalavrado galho
Que a tempestade no passar quebrou;
Tu foste a gota de bendito orvalho
E a flor pendida a reviver tornou.

Teu rosto puro restitui-me a calma.
Ergue-me as crenças, que já vejo em pé; →

E teus olhares me derramam n'alma
Doces consolos e orações de fé.

Não serei triste; se te ouvir a fala
Tremo e palpito como treme o mar,
E a nota doce que teu lábio exala
Virá sentida ao coração parar.

Suspenso e mudo no mais casto enlevo
Direi meus hinos c'os suspiros teus.
E a ti, meu anjo, a quem a vida devo
Hei de adorar-te como adoro a Deus!

... – 1858.

FRAGMENTO

IV

....

O mundo é uma mentira, a glória – fumo,
A morte – um beijo, e esta vida um sonho
Pesado ou doce, que s'esvai na campa!

O homem nasce, cresce, alegre e crente
Entra no mundo c'o sorrir nos lábios,
Traz os perfumes que lhe dera o berço,
Veste-se belo d'ilusões douradas,
Canta, suspira, crê, sente esperanças,
E um dia o vendaval do desengano
Varre-lhe as flores do jardim da vida
E nu das vestes que lhe dera o berço
Treme de frio ao vento do infortúnio!
Depois – louco sublime – ele se engana,
Tenta enganar-se p'ra curar as mágoas,
Cria fantasmas na cabeça em fogo, →

De novo atira o seu batel nas ondas,
Trabalha, luta e se afadiga embalde
Até que a morte lhe desmancha os sonhos
Pobre insensato – quer achar por força
Pérola fina em lodaçal imundo!
– Menino louco que se cansa e mata
Atrás da borboleta que travessa
Nas moitas do mangal voa e se perde!...
....
....

Dezembro – 1858.

ANJO!

M.

Sub umbra alarum tuarum.

V

Eu era a flor desfolhada
Dos vendavais ao correr;
Tu foste a gota dourada
E o lírio pôde viver.

Poeta, dormia pálido
No meu sepulcro, bem só;
Tu disseste: – Ergue-te, Lázaro! –[1]
E o morto surgiu do pó!

Eu era sombrio e triste...
Contente, minh'alma é; →

---

1. Não há vírgula depois de *Ergue-te*.

Eu duvidava... sorriste,
Já no amor tenho fé.

A fronte que ardia em brasas
A seus delírios pôs fim
Sentindo o roçar das asas,
O sopro dum querubim.

Um anjo veio e deu vida
Ao peito de amores nu:
Minh'alma agora remida
Adora o anjo – que és tu!

Julho – 1858.

ÚLTIMA FOLHA

Meu Deus! Meu Pai! Se o filho da desgraça
Tem jus um dia ao galardão remoto,
Ouve estas preces e me cumpre o voto
– A mim que bebo do absinto a taça!

– "Feliz serás se como eu sofreres,
"Dar-te-ei o céu em recompensa ao pranto" –
Vós o dissestes. – E eu padeço tanto!...[1]
Que novos transes preparar me queres?

Tudo me roubam meus cruéis tiranos:
Amor, família, felicidade, tudo!...
Palmas de glória, meus lauréis do estudo,
Fogo do gênio, aspiração dos anos!...

Mas o teu filho já se não rebela
Por tal castigo, pelas mágoas duras; →

---

1. Está *disseste*, sem *s* final e sem ponto.

– Minh'alma of'reço às provações futuras...
Venha o martírio... mas – perdão p'ra *ela!*...

A doce virgem se assemelha às flores...
O vento a quebra no seu verde ninho.
– Velai ao menos pelo pobre anjinho,
– Pagai-lhe em gozo o que me dais em dores!

Maio – 6.

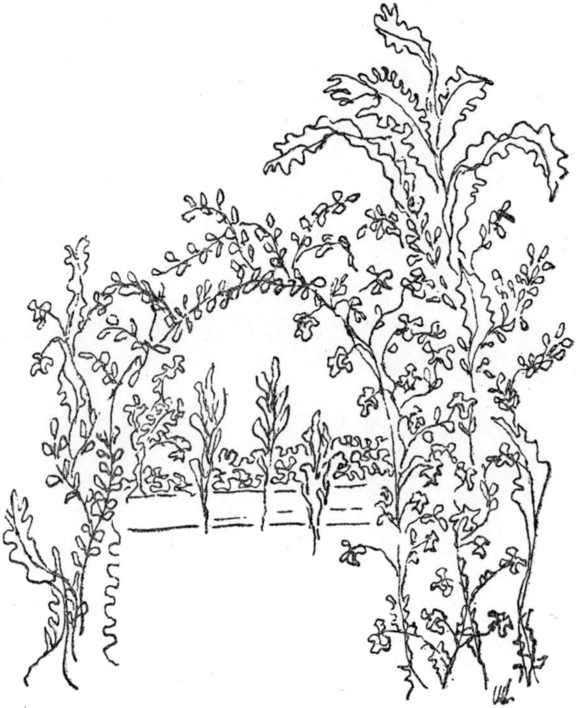

DOCUMENTAÇÃO
E ICONOGRAFIA

NOTA: Material da Biblioteca do IEL – Unicamp.

Casimiro de Abreu, segundo fotografia reproduzida de um daguerreótipo, publicado em 1949 pela Academia Fluminense de Letras em *In memoriam de Casimiro de Abreu*.

Retrato do autor em metal.

CASTRO ALVES J. M. DE ABREU

AS

PRIMAVERAS

2.ª EDIÇÃO (1.ª DE LISBOA)

ACCRESCENTADA COM NOVAS POESIAS

O CAMÕES E O JÁO

E

DOIS ROMANCES EM PROSA

O

JUIZO CRITICO DE VARIOS ESCRIPTORES BRAZILEIROS

E

UM PROLOGO

POR

M. PINHEIRO CHAGAS

LISBOA
112 — Typ. do Panorama, Rua do Arco do Bandeira — 112
1867

CASIMIRO DE ABREU

Fac-símile da 2ª edição portuguesa das obras do autor, contendo *As primaveras*, *Camões e o Jao* e *Dois romances em prosa*.

Casa em Barra de São João onde nasceu o poeta.

Outra foto da casa em que nasceu Casimiro de Abreu.

Outro retrato
do autor de
As primaveras.

Túmulo de Casimiro de Abreu antes da reforma no pequeno cemitério aos fundos da velha igreja de Barra de São João.

Túmulo restaurado de Casimiro de Abreu em Barra de São João.

Retrato do autor com assinatura de nome completo.

CAMÕES E O JÃO

SCENA DRAMATICA, ORIGINAL

DE

CASIMIRO ABREU

REPRESENTADA NO THEATRO DE D. FERNANDO,
EM 18 DE JANEIRO DE 1856.

LISBOA
TYPOGRAPHIA DO PANORAMA
Travessa da Victoria, 52.
1856

Fac-símile da 1ª edição portuguesa de *Camões e o Jao*.

Fac-símile da 1ª edição portuguesa de *As primaveras* (2ª na seriação).

Cromosete
Gráfica e editora ltda.

Impressão e acabamento
Rua Uhland, 307 - Vila Ema
03283-000 - São Paulo - SP
Tel./Fax: (011) 6104-1176
Email: cromosete@uol.com.br